数字化转型系列

建模
数字化转型思维

Modeling

The Thinking of
Digitalization Transformation

丁少华 ◎编著

U0331713

机械工业出版社
CHINA MACHINE PRESS

图书在版编目（CIP）数据

建模：数字化转型思维 / 丁少华编著 . -- 北京：机械工业出版社，2022.1（2024.5重印）

（数字化转型系列）
ISBN 978-7-111-69935-4

I. ①建… Ⅱ. ①丁… Ⅲ. ①企业管理 - 数字化 - 研究 Ⅳ. ① F272.7

中国版本图书馆 CIP 数据核字（2022）第 004086 号

建模：数字化转型思维

出版发行：机械工业出版社（北京市西城区百万庄大街 22 号　邮政编码：100037）

责任编辑：王　颖　　　　　　　　　　　　责任校对：马荣敏

印　　刷：固安县铭成印刷有限公司　　　　版　　次：2024 年 5 月第 1 版第 3 次印刷

开　　本：170mm×230mm　1/16　　　　　印　　张：18.25

书　　号：ISBN 978-7-111-69935-4　　　　定　　价：89.00 元

客服电话：（010）88361066　68326294

前　言 | Preface |

　　有人说 21 世纪是知识经济的时代。彼得·德鲁克在其著作《21 世纪的管理挑战》中就曾提出，管理实践需要关注知识工作者生产率的提升。从工作的内容和特点来看，数字化建设从业人员无疑是典型的知识工作者，他们同样面临自身工作效能和生产率的问题。

　　知识工作者之所以被称为知识工作者，是因为他们贡献给社会的是知识。根据《未来简史》的定义，知识指的是符合文明方向的、人类对物质世界和精神世界探索结果的总和。虽然至今也没有一个统一而明确的知识的界定，但知识的价值判断标准在于其实用性，应从能否让人类创造新物质、得到力量等方面来考量。

　　从知识实用性的角度来看，知识与创新是紧密联系在一起的。可是，随着社会的发展和分工的细化，突破式、颠覆式创新的难度越来越大，尤其是起赋能作用的数字化技术和工作，更不能脱离组织和业务的实际来谈所谓的创新。另外，对大多数的数字化从业人员来说，容易实现且组织需要的是整合式、系统式创新，强调的是跨专业、跨领域的整合和集成，以及基于整合和集成的新模式和新范式。

　　整合式创新需要大量的具备 π 字形知识结构的知识工作者和数字化从业

人员。数字化从业人员π字形知识结构中的"左撇"，代表软件设计和开发、物联网、大数据、人工智能等数字化技术知识，而其中的"上横"，则代表各个领域的业务知识，比如产品研发知识、生产和供应链管理知识、市场营销和服务知识等。数字化从业人员π字形知识结构中的"右勾"，代表的是对未知知识的学习和探索。因此，π字形知识结构的数字化工作者不仅需要有大量的阅读量和知识储备，还需要有系统性思维能力，能够执简驭繁，从已知推测未知。

储备知识的捷径是阅读，要求我们多读书、读好书、好读书，这就要求读书不仅要有量，要有选择，还要有方法。我国著名数学家华罗庚先生对读书方法有独到的见解，那就是"先把书读厚，再把书读薄"。怎么把书读厚呢？无非是读书时多做笔记，对书本的内容进行对比、联想、引申和演绎。怎么把书读薄呢？各人有各人的高招，比如对书本的内容做总结报告或是绘制思维导图，笔者的做法则是模型化提炼——绘制各种形式的模型，尝试把书本的要点尽量浓缩到一张或几张模型图上。

"汝果欲学诗，功夫在诗外。"数字化从业人员的职业成功，其基础不仅仅是对数字化技术的掌握，更取决于对商业和业务知识的学习、理解和运用，对此，模型思维扮演着重要的角色。因此，如果数字化工作需要所谓的数字化思维的话，笔者认为，那就是模型思维，而对模型思维的修炼则是数字化从业人员无止境的学习之路。

本书的主体内容共分为16章，第1章和第2章对模型思维的作用、定义、特点、分类等做了概要性的介绍；第3～11章分别从事物和系统的九个不同视角对模型思维进行引申性介绍；第12～14章以模型的视角对企业的研发、运营和供应链、营销等业务进行概括性提炼；第15章则重点阐述系统思维的特点，帮助读者从系统和整体的角度快速认知新鲜的事物；第16章阐述数字化转型思维的本质，对模型思维进行小结。

本书可作为数字化从业人员的工作参考，具体包括企业中的 CIO、IT 经理、架构师、咨询顾问等；也可以供各类组织的中高层管理人员参考，帮助他们系统地整理各类业务知识，并寻求业务变革与数字化之间的契合点；还可以作为高校信息管理、软件工程等专业的教师和学生的教学参考书。

本书作为《重塑：数字化转型范式》的姊妹篇，是笔者工作之余对数字化工作的思考和感悟，虽有拾人牙慧之嫌，但也算是本人对现有知识的再次整理、加工和诠释，目的是希望把数字化从业人员的应知应会浓缩在几本小册子中。

在此，我要感谢我的母亲，她老人家虽然已经离开了，但音容笑貌还常常出现在我的梦中，感谢她言传身教，教育我要不忘初心，砥砺前行。也要感谢我的妻子，没有她对我工作的支持，我也不可能有太多的时间来阅读和写作。还要感谢曾经和现在的同事以及曾经和正在服务的客户，没有与他们思想的碰撞，也不会有这么多的灵感和启发。更要感谢机械工业出版社的编辑王颖老师，没有她的鼓励和支持，也不会有这本书的出版和上市。

2021 年 3 月于杭州

Contents 目　　录

概 论

2020 年 12 月 1 日 23 时 11 分，嫦娥五号探测器成功着陆在月球正表面（如图 1.1 所示），这是中国航天事业的里程碑式进步，是中国科技发展史上的重大胜利，其实也是数字化建设的智慧结晶。嫦娥五号探测器的成功为什么与数字化有关系呢？因为从形式上讲，嫦娥五号探测器的着陆与组织的数字化建设在本质上是一样的，或者说，嫦娥五号探测器之所以能够成功着陆月球正表面，背后靠的就是数字化的支持，即数字化"以虚驭实"发挥了作用。

图 1.1 嫦娥五号探测器运行在月球表面

1.1　数字化的本质形式是"以虚驭实"

嫦娥五号探测器是通过航天科技人员的精心设计并以远程的方式进行控制的，是典型的"以虚驭实"。同样，数字化建设之所以能发挥其价值，靠的也是工作形式上的"以虚驭实"。"实"是什么？是现实中的物理世界，比如与客户的互动，产品的设计和开发，产品的制造和加工，产品的使用和运营，供应链及物流的组织等。"虚"是什么？是物理世界的数字化映射，是运行的工业和管理软件系统，是各种形式的工业App。纵观工业的发展历程，从机械化到电气化，再到自动化，再到数字化和智能化，"虚"的成分越来越多，"虚"的作用也越来越大，并逐渐占据主导地位。

为什么要用"虚"来统驭"实"？因为"虚"的元构件是可以自由流动的，是以各种形式存在的数据，它们可以突破时间和空间上的约束，可以运行在云端，可以远程交互，可以 7×24 小时全天候待命；它们还可以将看似分散的物理世界在数字化世界中形成统一的整体，然后在整体上进行统筹和优化。我们通过"虚"的数字世界间接操纵"实"的物理世界，就可以尽可能地实现物理世界的整体优化。或者，我们还可以换一个更哲学的说法，数字化让物理世界能够"穷理尽性以至于命"，这其实也是数字化的价值路径和建设方向所在。

1.2　数字化之"穷理尽性以至于命"

何为"穷理尽性以至于命"？我们可以以人的寿命为例来理解。一个人能够成长和生活，从出生到青年，到壮年，再到衰老和死亡，其背后是人的基因和生理规律在起作用，这是所谓的"理"，"穷理"则是穷究其背后的规律和道理。一个人的寿命还与他的生活条件、社会职业、饮食习惯、作息安排等因素有关，这就是所谓的"性"，"尽性"讲的是以人为本，尊重个体的存在、价值和选择。不同的人，即使是双胞胎，并且生活环境、社会职业等也基本相同，他们的寿命也不尽相同，所以才说他们有不同的"命"，老子称之为"天年"。"以至于命"就是要让一个人活到他可能有的最大年龄。

其实，也可以换个角度，以一台设备为例，我们对它的认知和要求，同样可以用"穷理尽性以至于命"来概括。一台设备有它的原理、结构、功能和操作规程，这是其"理"，穷设备之"理"，就是完整和准确地了解设备的原理、结构、功能和运行规律。每一台设备都有它自身的运行特点，合理地安排设备的使用、保养和维修，这是尽其"性"。设备寿命长，并不代表它给企业带来的价值就最大，还要根据企业的生产需求、产品的材料特点和工艺要求以及操作人员的熟练程度，统筹安排设备的运行和保养，以让它给企业带来最大的产出，这就是"以至于命"。

简而言之，"穷理尽性以至于命"，"穷理"是理解客观，"尽性"是尊重主观，"以至于命"是主观与客观的统一，个体与群体的统一，自身与环境的统一。我们说数字化的目的是"穷理尽性以至于命"，就是说通过数字化建设，穷究物之理、人之理、事之理，发挥物之性、人之性、事之性，将物、人、事等要素和谐统一，进而为社会和组织的发展服务。换个角度看，"穷理尽性以至于命"，也是我们通过数字化建设，通过"以虚驭实"的数字化实践，实现数字化价值的路径和方向所在。

1.3　数字化建设需要模型思维

"穷理尽性以至于命"的数字化建设，"穷理"是起点，而其关键则是如何用数字技术对物理世界进行映射，笔者将之称为"建模"（Modeling），即通过模型揭示物理世界或被映射的对象（又称原型）的形式、特征和本质。之所以说"建模"是关键，是因为模型思维具有整体性、动态性、系统化等特点，它能够更清晰地揭示事物内部各要素之间及事物与事物之间的各种关系，可以帮助我们以更真实、更全面的视角来映射和理解物理世界。

在实际工作中，我们经常批评那种头痛医头脚痛医脚式的工作方法，也时常为救火式的被动响应而筋疲力尽。其实，这类工作局面之所以会形成，就是因为我们缺乏模型思维，或者说，不善于用模型思维来帮助我们寻找和制定问题的解决方案。与碎片式思维和头痛医头脚痛医脚式的工作方法相比，模型思维能从整体和系统的角度揭示问题，以之作为指导的系统式的工作方法可以起到标本兼治的效果。

在很多管理不善的制造企业，我们发现企业中存在看似矛盾的现象：一方面大量的订单不能按时交付，另一方面车间现场有大量的半成品和在制品积压，其结果是生产能力低下和制造成本居高不下。如果用碎片化思维来看，生产厂长会强调各部门和各车间加强沟通和协作，要提高生产效率，或者干脆到现场去调度和指挥，其局面可能是乱上加乱，让所有人考虑的只有"紧急至上"。如果用模型思维来看，把各个生产环节串在一起，我们会发现车间的生产能力取决于瓶颈工序，只有保证和提升瓶颈工序的生产能力，才有可能提高车间整体的生产能力，这就是所谓的"约束理论"（Theory of Constraint，TOC）的典型应用。在这里，TOC 可以看成是一种思考模型。

1.4　单模型思维不如模型多思维

任何一个理论都只能描述事物的某一个（些）方面，而不能代表事物的全部。以 TOC 理论来说，将其用好，可能会解决制造企业产能不足或者增效的问题，但解决不了库存积压或者制造成本居高不下的问题。针对后者，准时化生产（Just In Time，JIT）就可以隆重登场了。

众所周知，准时化生产最初由丰田汽车提出，后来将其完善成为丰田生产模式（Toyota Production System，TPS）。准时化生产的核心思想是由下游工序来拉动上游工序，信息传递的媒介是所谓的看板。通过准时化模型，制造企业的所有工序就能形成"一个流"的生产作业，从而尽可能地消除浪费和降低制造成本。

如上，解决制造企业中产能不足的问题，可以借助 TOC 模型；解决制造企业中库存积压和生产浪费的问题，可以借助 JIT 模型。所谓"兵来将挡，水来土掩"，指的就是模型多思维。

1.5   模型多思维不如多模型思维

很多时候，有些因素是相互关联或相互冲突的，或者说，我们希望能够兼顾多个方面的经营目标，这就需要运用多模型思维。以上面所讲的制造型企业为例，将 TOC 模型思维和 JIT 模型思维综合起来运用，如果综合得好，企业就可能实现既增效又降本的目的，这是多模型思维的作用。在医疗卫生领域，中医思维和西医思维是两种截然不同的思维模式，前者是整体和功能性思维，后者是还原和结构性思维，而中西医结合，首先指的就是两种思维模式的结合，这也是典型的多模型思维。总体上，模型多思维指的是当事人用多种模型去看待不同的事物，而多模型思维则是指当事人综合运用多种模型去看待同一事物，从而得出对事物更为系统和全面的认识。因此，模型多思维不如多模型思维，后者是前者的深化。

1.6   数字化思维的重点在于模型思维的修炼

数字化工作的知识保鲜期很短。为了提升自己，我们要不断地学习，不仅需要学习各种层出不穷的新技术，更要善于将现有的技术和信息进行提炼和总结，以培养自己的模型思维能力，甚至是多模型思维能力。如图 1.2 所示，从 DIKW 的发展路径来看，从信息到知识是碎片化思维到模型思维的飞跃，而从知识到洞察和智慧则是从单模型思维到多模型思维的飞跃。从某种程度上说，模型学习和模型思维，比新技术的学习更难，也更为重要。

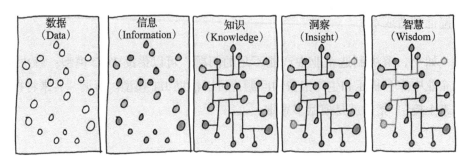

图 1.2　数据、信息、知识、洞察与智慧的差别（由 David Somerville 绘画）

在数字化建设领域，模型思维的应用很多。比如，企业架构模型之于信息化（数字化）规划，业务流程模型之于流程管理和企业资源规划（Enterprise Resource Planning，ERP），生命周期模型之于企业中产品、客户、供应商、员工、资产等业务对象的管理、PLM、EAM、HCM 和数字孪生，成熟度模型之于工业 4.0 和智能制造，等等。从模型思维的角度去看 IT 与业务，去看所谓的新技术和新热点，就是把各种技术和知识整合在一起，就能纲举目张、继往开来。我们将数字化的方法归纳为五种：解构、转换、建模、表征和统驭。建模在其中起着承上启下、承前启后的核心作用，因此，可以说，数字化能力和数字化思维的修炼，根本上是建模能力和模型思维的修炼。

综上所述，数字化的本质形式是"以虚驭实"，数字化的目的是"穷理尽性以至于命"，而数字化的关键则是建模。作为数字化从业人员，需要模型思维，而且是多模型思维，这就需要我们学习各种思维模型及其应用背景。

1.7　扩展阅读：数字化模型思维与解决方案的开发

通常，人们常把问题的一揽子解决办法称为"解决方案"。"解决方案"是个舶来词，是英文单词 Solution 的汉语翻译。在《韦氏词典》中，

Solution 的定义如下：

1）*an action or process of solving a problem*；

2）*a homogeneous mixture formed by this process*；

3）*a bringing or coming to an end or into a state of discontinuity*。

从上述定义中，solving（解决）、process（过程）、mixture（混合）等几个关键词点出了 Solution 的核心内涵。如图 1.3 所示，在数字化建设中，"解决方案"的本质是通过数字化技术的整合和应用来解决业务、组织和人员的问题，"解决方案"的一头连着数字化技术，另一头连着组织的利益干系人。技术有技术的特点，人有人的诉求，好的解决方案应该通过精心的设计，让技术为人所用（for people）、为人所有（of people）、为人所治（by people），而不应成为人的束缚。

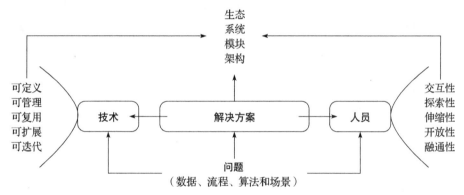

图 1.3 解决方案设计的关键考量——技术与人员

1.7.1 解决方案中对技术的考量

在技术应用方面，好的数字化解决方案设计应该具备可定义、可管理、可复用、可扩展、可迭代等特点。

（1）可定义

可定义是解决方案在技术应用方面的基本要求。具体来说，解决方案中所用到的技术、数据结构、流程、算法和场景，都应该进行明确的定义。好的定义，其可理解性不应该只限定在某个或某几个人，而是只要具备基本的数字化技能，就能完全理解和掌握。

（2）可管理

任何人为的事物都是耗散系统，都将从有序走向无序。为了维持数字化解决方案的有序性，需要在适当的时机引入人为的干涉和管理，这就像定期清除垃圾桶中的垃圾一样。好的解决方案不应该完全是黑箱，而应该通过某种机制的设计，对相关人员透明或半透明，以便于管理。

（3）可复用

解决方案中技术的可复用，不仅仅是出于成本的考虑，也是出于效率的考虑。任何组织都是在有限资源下寻求干系人的利益最大化。如果解决方案中所用到的技术，哪怕是其中的一部分技术，能够复用的话，组织就不仅可以快速响应环境变化或市场需求，而且还能降低交付成本。

更高、更快、更强，既是奥运精神，也是市场竞争力所在，这需要建立在技术和构件可复用的基础上。

（4）可扩展

先解决有没有的问题，再解决好不好的问题，是组织管理和问题解决的基本原则之一。技术和解决方案如果可扩展，我们就不仅可以逐渐从无到有，从有到优，以避免每次在变化和调整时都推倒一切重来。

（5）可迭代

可迭代与可扩展的意思相近，但不尽相同。可扩展类似于增材制造，只做加法；而可迭代则是在做加法的同时，还可以做减法，可以对技术和解决方案进行局部的更新。由此可见，在应对变化方面，可迭代比可扩展更难能可贵。实际上，很多时候，做减法比做加法更难，也更有意义。

1.7.2　解决方案中对人员的考量

技术和解决方案最终是为人服务的，所以，在设计时，更要注重人员方面的因素，包括人员在交互性、探索性、伸缩性、开放性、融通性等方面的诉求。

（1）交互性

所谓交互性，简单来说，就是有问必有答，即"念念不忘，必有回响"。用户在与数字化解决方案进行互动时，比如单击某个按钮或输入某个数据后，系统都能给予期望的反馈。好的解决方案，即使是用户单击了不相关的界面或界面上的字段和按钮，系统都能给出相应的反馈，比如一个友好的提示、一个温馨的感叹、一个俏皮的调侃等。

交互性是数字化解决方案在生命力（活的或健康的状态）上的基本体现，可以实时交互的数字化解决方案，才算是一个"活物"。

（2）探索性

探索性指的是用户在与数字化解决方案交互过程中的不同的交互形式，每一次的交互体验，解决方案都能给用户一种新的、愉悦的体验。笔者至今还记得 20 年前使用 CAD 软件设计汽车零件的经历，每次完成一个新的零件特征造型，然后再渲染一下，一个全新、立体、美观的零件模型就呈现在笔者面前，让笔者每一天都能感受到工作所带来的成就感。

好的探索性还能降低数字化解决方案的学习成本，甚至可以让用户通过不断的自主学习，由少到多、由简单到复杂地掌握解决方案的各种功能和特性。比如，微信在探索性方面的友好设计，使大多数用户在没有接受过专门的操作培训的情况下，也能自行掌握并熟练运用。

（3）伸缩性

"As simple as possible, as complex as necessary"（尽可能简单，尽必要复

杂)。数字化解决方案的伸缩性，或者可裁剪性设计，是当用户需要它简单时能简单，需要它复杂时能复杂，这样，就能在不同的背景和场合，为用户提供简便的操作体验，或者复杂的功能实现。比如，某些 IT 系统在用户界面上的可配置性，可以根据业务和用户的需要自行添加或删减界面元素。

（4）开放性

任何事物都不是独立的存在，都可能与其他事物发生各种各样的联系。高度开放的数字化解决方案，既可以独立运行，也可以加入其他解决方案中，或者接受其他解决方案的加入，以一个更大、更完整的解决方案供用户使用。

（5）融通性

融通性指的是技术和解决方案与所处的背景相融通，是"物天合一"等思想在数字化解决方案设计中的体现，比如按钮文字和界面背景色的融合，解决方案与其所在组织环境的融合，等等。数字化之"制"是人员和组织、工具和技术、流程和活动等三者的融合致一，这些就是指融通性。

融通性要求我们以一个更系统、更广大的视角来看待数字化解决方案，让解决方案符合组织当下的时空、文化和环境的要求。

由上可知，数字化解决方案在设计、开发和运营时，既要考虑技术方面的可定义、可管理、可复用、可扩展和可迭代，也要考虑人员方面的交互性、探索性、伸缩性、开放性和融通性。为了满足上述要求，数字化解决方案在设计和建模时，可以通过四个层面的递进来实现，即架构、模块、系统和生态，如图 1.4 所示。

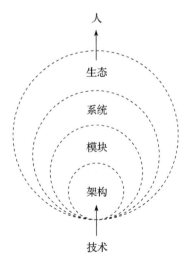

图 1.4　数字化解决方案的建模思想

架构是数字化技术和能力的最小有机单元，是数字化解决方案的"细胞"。微服务就是架构思想的具体体现之一，是数字化技术和能力的高内聚和低耦合。

模块是架构基础上更高层次的封装，也可以简单理解为多个架构单元的有机组合，比如多个相关微服务封装成一个模块。按笔者的理解，有些机构经常在谈的中台，其内涵类似于模块，而且是可独立运行的模块。模块是数字化解决方案的"器官"。

系统是模块之上的数字化技术和能力的封装，但不仅是大家常谈到的某些 IT 系统，而且是人员和组织、流程和活动、工具和技术的有机融合，是技术、人和事的融合。系统是数字化解决方案的"生理系统"。

生态是一个比系统更大的概念，是不同系统的互利和共融。形态上，数字解决方案生态呈现为网状结构，是系统的系统（System of System，SoS）。在数字化建设中，数字化解决方案生态包括组织的"道""制""器"等三个层面的内容，包括战略、执行、效果等多种立体因素。数字化解决方案的生态建模要求我们用生态的思想来看待数字化解决方案。

第 2 章 | Chapter 2

模型思维的定义、分类和形式

我国的汽车工业，起步于 20 世纪 50 年代，但真正步入快速发展期，还要到 21 世纪初。起步时的中国汽车市场，一辆两厢的夏利售价 8 万元左右，桑塔纳的高配款则要卖到近 20 万元，而自主汽车品牌的三驾马车——吉利、长城和奇瑞，都是在那个时期才踏入汽车领域。那时候，自主品牌没有汽车设计和制造技术，只能通过仿制市场上的其他车型来实现。

后来，随着对汽车设计和制造工艺的了解以及计算机造型设计技术的应用，自主品牌逐步开发新车型，我们称之为"正向设计"，而计算机中的汽车模型称为数字模型。从物理模型（样车）驱动的产品研发到数字模型（样车）驱动的产品研发，我国自主品牌汽车工业才算是进入高质量发展阶段。

2.1 模型思维的定义

模型一词，在西文中源于拉丁文的 Modulus，意思是尺度、样本、标准等。在《韦氏词典》中，作为名词的 Model 有 14 种解释，作为动词的 Model 有 5 种解释，可见，模型的内涵和外延都极其丰富。所谓模型法，是通过研究模型来揭示原型（即被模拟的对象）的形态、特征和本质的方法。在科学研究、工程设计等领域，模型法都有着广泛的应用。模型源于人们的实践，是对现实世界的抽象和实践活动的深化。人们通过建立模型所达到的高度抽象和统一，反映了人们对客观事物认知的深化，是认知过程中的一次能动的飞跃。《实践论》中就谈到，理论来自实践，进而又指导新的实践。从模型思维的价值上来讲，模型思维是思考的高级形式，因而，从数据到信息，从信息到知识，从知识到智慧，模型思维是其主要的思维形式。

2.2 模型思维的分类

从模型的实现基础来看，模型大体可以分为物质模型和思想模型两类。

物质模型是以某种结构、形式或机理相似的模型实体去再现原型，它可以是物理模拟，可以是功能模拟，也可以是数学模拟，等等。常见的物质模型包括地球仪、作战模型、汽车车模、CAD 三维数字模型等。

在数字化建设工作中，我们研究和使用的主要是思想模型。思想模型不是认识的物质手段，而是事物在人们思想中理想化的模拟和映射。思想模型是人们在头脑中创造出来的，人们主要用它来对事物进行分析、推理、演算等思想活动，以实现对事物更全面、更系统、更深入的了解和认知。通常，人们把思想模型展现在纸张或计算机上，用到的构造要素有文字、符号、图表、程序等。

2.3 模型思维的形式

在本书中，笔者所说的模型，是一个广义的概念，代表的是那些整体性、系统化、形象化的思维和表达形式。从形式上来讲，它们对应的词汇包括系统（System）、架构（Architecture）、框架（Framework）、图形（Diagram）、布局（Layout）、全景（Landscape）、样式（Pattern）、范式（Paradigm）、表卡

（Table/Card）、路线（Roadmap/Journey Map）、分类（Classification）、源库（Library）、算法（Algorithm）、方法论（Methodology）、参考模型（Reference Model）等。在这里，笔者把这些词汇罗列出来，主要是想提醒大家，思考模型的形式有这么多，如果能灵活或综合运用好它们，将会对我们的工作大有裨益。下面笔者就挑几个常见的形式稍作解释，供大家参考。

（1）系统

系统是对既相对对立又与外界发生联系的事物的抽象定义。通常，我们可以用 SIPOC 模型来描述系统的构成要素：供应者（Supplier）、输入（Input）、过程（Process）、输出（Output）和消费者（Customer）。如图 2.1 和图 2.2 所示，分别为简单商业系统和复杂商业系统的示意。

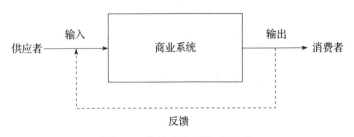

图 2.1　简单商业系统的示意

俗话说"念念不忘，必有回响"，讲的就是系统性事物存在的普遍性。系统之上（外）还有系统，我们将这种系统称为生态系统（Ecosystem）或系统的系统。通过系统性模型思考，我们可以了解事物的运行机理，并可以厘清事物的内涵和外延。

（2）架构

架构是事物中逻辑性、功能性或结构性的安排，事物中各部件之间的关系和与外界环境的联系的抽象，以及一系列用于指导事物设计和演变的方法及原则。架构可以理解为对事物系统细节的描述和解剖，以辅助我们更好地理解和掌握事物的变化，或者是有目的地改造事物。

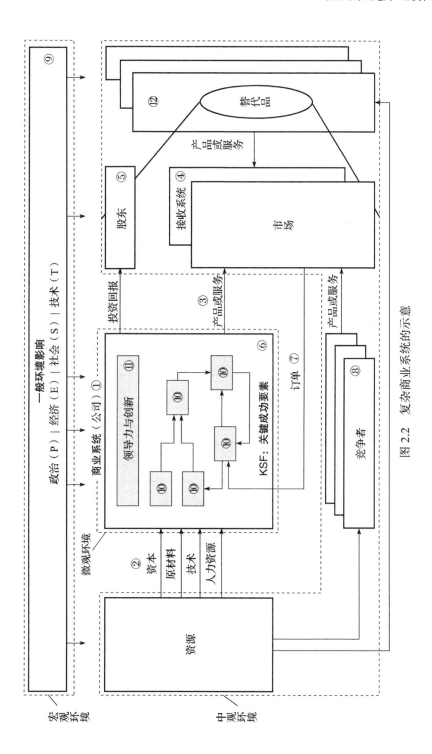

图 2.2 复杂商业系统的示意

在数字化建设中，架构是一个使用广泛的词汇，比如企业架构、业务架构、流程架构、应用架构、数据架构，安全架构等。业务架构示意图如图 2.3 所示。

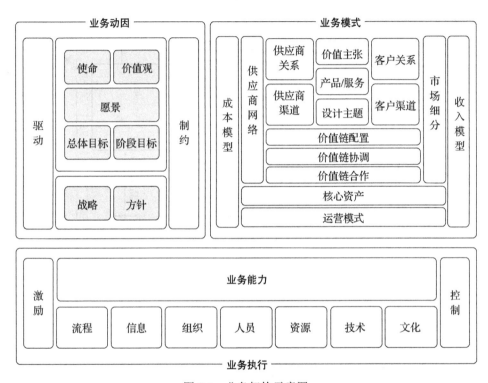

图 2.3   业务架构示意图

架构的实际意义在于，一则它可以给我们展示事物的内部构成及构成之间的关系，二则它可以对事物的内部构成进行解耦。这样，通过内部构成关系的调整或内部构成的重新组合，就可以创造出新的系统，以快速和低成本应对外部的变化和挑战。微服务、中台、汽车产品架构（如丰田汽车的TNGA）等，都是架构思想指导下的具体实践。

（3）框架

框架指的是基础性结构或结构序列，基于框架可以开发出各种不同范围或用途的架构。框架应包括各种构件（Building Block），以及构件是如何适配在一起的。框架还应包括一系列的工具和通用词汇库。在框架中，各种构件应该是可选的，可以根据需要来选择相应的构件。从另外一个角度看，我们也可以将架构与框架作对比，架构更侧重概念和设计，而框架更侧重实施和实现。

美国生产力与质量中心（American Productivity & Quality Center, APQC）所开发的流程分类框架（Process Classification Framework, PCF）中产品与服务交付流程框架示意如图 2.4 所示。

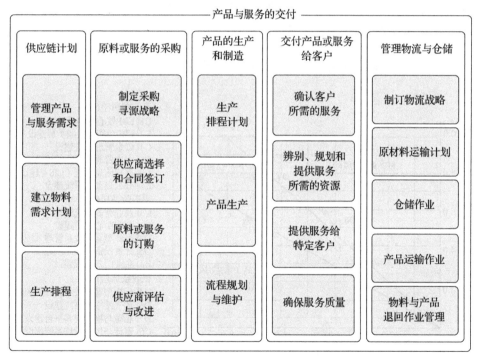

图 2.4　APQC PCF 产品与服务交付流程框架示意

从框架到架构，再从架构到系统，是模型思维从一般到特殊，从能力到目的的不断演进。在汽车产品研发体系的演变过程中，20 世纪 80 年代及 21 世纪早期，重点是基于车型的汽车产品研发，然后重点是基于平台的汽车产品研发，到最近 10 年，重点是基于架构的汽车产品研发，而汽车产品架构则是建立在电气、电子、新能源等技术要素组合和应用的基础上。在这里，技术要素及其组合就类似框架的概念。

（4）坐标

每个事物都有很多不同的特性。有时候，从目的出发或者站在用户的角度来看，这些特性之间是相互冲突的。为了便于决策，我们会采用坐标图的方式来看事物处于哪个位置，以做出趋利避害的决策。典型的坐标式模型思维如波士顿矩阵、SWOT（优势、劣势、机会和威胁）分析、IT 项目收益与风险分布图等。另外，我们可以根据事物的复杂程度，将坐标图划分为 4 象限、9 象限、16 象限，或 25 象限。

某公司 IT 项目收益与风险分布示意如图 2.5 所示。

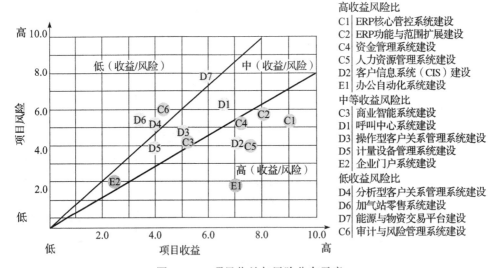

图 2.5　IT 项目收益与风险分布示意

（5）表卡

表卡是通过表格、卡片等形式来展示相关的内容。表卡的典型代表是平衡积分卡（Balanced Card）。平衡积分卡是一种战略管理工具，以表格的方式展示企业分别在财务、客户、内部流程和学习与成长四个维度的战略和目标要求。

（6）图形

在形式特点上，图形式模型思考比较自由，可以根据内容的需要，以相应的图形形式来构思和展示我们的思考成果。常见的图形化思考模型有鱼骨图、波特五力图、丰田精益屋、软件设计 UML 图、业务流程图等。

（7）路线

路线式思考模型是以时间为轴，来构思和展示事物的发展变化。常见的路线式思考模型有客户旅程地图、IT 建设路线图等。

车辆销售的客户旅程地图示意如图 2.6 所示。

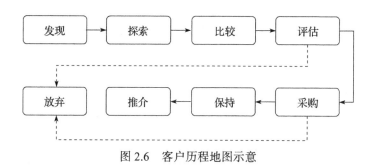

图 2.6　客户历程地图示意

（8）全景

全景，类似风景图式的思考模型，是事物及其所处环境在某个时间点的镜像（Snapshot）。全景图更多是一种全景化展现，而所展示的内容之间可能并没有必然的逻辑关系。典型的全景式思考模型如 IT 技术栈等。

营销 IT 技术栈示意如图 2.7 所示。

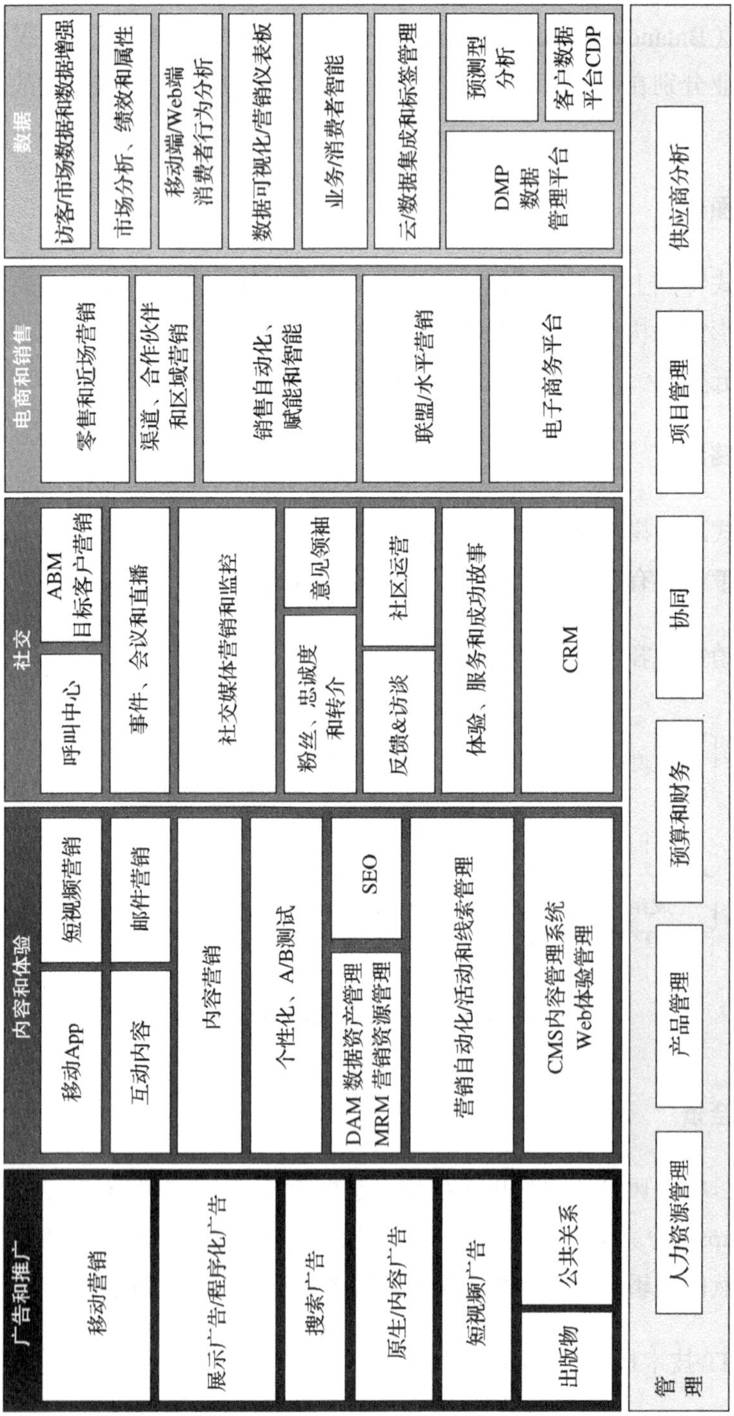

广告和推广	内容和体验	社交	电商和销售	数据

| | | | ABM目标客户营销 | | 访客/市场数据和数据增强 |

广告和推广：移动营销；展示广告/广告程序化广告；搜索广告；原生内容广告；短视频广告；出版物；公共关系

内容和体验：移动App；短视频营销；互动内容；邮件营销；内容营销；个性化，A/B测试；SEO；DAM 数据资产管理 MRM 营销资源管理；营销自动化活动和线索管理；CMS内容管理系统 Web体验管理

社交：呼叫中心；事件、会议和直播；社交媒体营销和监控；粉丝、忠诚度和转介；意见领袖；反馈&访谈；社区运营；体验、服务和成功故事；CRM

电商和销售：零售和近场营销；渠道、合作伙伴和区域营销；销售自动化、赋能和智能；联盟/水平营销；电子商务平台

数据：市场分析、绩效和属性；移动端/Web端消费者行为分析；数据可视化/营销仪表板；业务消费者智能；云/数据集成和标签管理；DMP 数据管理平台；预测型分析；客户数据平台CDP

| 管理 | 人力资源管理 | 产品管理 | 预算和财务 | 协同 | 项目管理 | 供应商分析 |

图 2.7　营销 IT 技术栈示意

（9）算法

严格意义上来讲，算法应该是一种逻辑性思考模型，它可以以图形的方式实现形象化展现（如决策树），但更多的是以数学模型、函数或公式的形式来展现。

关于模型思维的定义、分类和形式，暂时还没有非常一致和清晰的界定，笔者在这里所讲述的内容肯定也算不上权威，但通过它，我们可以领略到模型思维的力量，也希望读者从模型思维入手，不断地提升自己的数字化思维能力。

2.4　扩展阅读：数据建模思想概述

在不熟悉软件开发的业务人员看来，软件似乎是一种很神秘的事物。因为对软件不熟悉，这些人对软件的看法往往容易走入两个极端：要么认为软件很简单，要么认为软件是万能的。如果再加上软件开发或数字化从业人员不懂或不熟悉业务，业务与 IT 之间的鸿沟就会越来越宽、越来越深。在笔者看来，身处数字化时代，大家都应该懂数字化，懂一些软件的工作机理。本书就是写给那些信息技术的非专业人士，让他们对软件或数字化工作有个概念性的认识。

如果用一个简单的数学公式来看软件，我们可以将软件理解为：

$$软件 = 数据 + 程序 + 界面$$

数据指的是我们如何去描述现实中的事物，比如事物叫什么名字、有多重、有多高、什么材质、什么颜色等。用软件的术语讲，就是对象、对象的属性和属性值。程序就是一段用于操作对象或对象属性的计算机代码，这些操作包括创建、删除、修改、查询、计算等。界面指的是人与软件的交互界面，包括界面布局、菜单、按钮、选择框、文本框等要素。

从软件设计和开发的过程来看，软件的设计和开发与汽车或其他机电产品的设计和开发工作基本是类似的，要有好的架构，也要考虑功能、交期、成本、质量等管理要求。实际上，软件开发的入门不难，难的是开发出功能复杂、操作简便和性能可靠的软件，这就取决于当事人的软件设计和建模，包括数据建模、流程建模、界面建模等。此处以数据建模为例，谈谈设计和建模思想对软件的影响。软件工程对数据建模的总体要求是完整性、无冗余、复用性、稳定性、开放性、集成性、优雅性和可读性。

1）完整性。数据建模的完整性要求对象和对象属性的定义等数据，应该能够满足所有的业务需求，不能有任何遗漏。

2）无冗余。数据建模的无冗余，指的是数据库表和表的字段不能出现重复，应该只有一张"脸"，而不是数出多孔，否则就很难保证数据的一致性，也将造成逻辑的混乱和存储空间的浪费。

3）复用性。复用性是模块化思想在数据建模的体现，指的是数据定义可以用于多种业务和多个场景。

4）稳定性。稳定性比较好理解，指的是数据库表在更新或扩充时，原有数据能够保证稳定，不出错。

5）开放性。开放性指的是数据表和表字段可以根据业务的变化或扩展做出相应的变化或扩展。

6）集成性。集成性指的是数据表和表字段与其他系统之间的数据交互和集成。

7）优雅性。优雅性指的是数据建模中对象、对象类、类层次等之间的包含与被包含关系清晰、可装配和可追溯。

8）可读性。可读性指的是数据建模的内容，尤其是概念模型能够被业务和用户容易地理解。

大体上，软件的数据建模包括三个步骤：概念建模、逻辑建模和物理建模。

2.4.1　概念建模

概念建模（Concept Modeling）的主要目的是将业务需求转换为数据需求，站在软件的角度将业务需求结构化和系统化。通过概念建模，所有的业务需求都可以归结到对象（包括对象属性的定义）与对象之间的关系上。换句话说，通过对象与对象之间的关系，可以描述现实中任意一个事物，以及组织对事物的管理要求。

概念建模是业务需求与软件开发的桥梁。在保证概念模型中对象、对象属性、对象之间的关系被完整清晰定义的前提下，概念模型在形式上也可能容易被业务人员所理解，这涉及概念建模的语言和工具的选择。当前，业内常用的概念数据建模工具有 E-R 实体与关系模型、UML 统一建模语言和OPM 对象过程模型。

（1）E-R 实体与关系模型

E-R 模型以两类要素——实体（Element）和关系（Relationship）为基本构件，来描述业务需求。其中，实体类似于面向对象编程中的对象，关系类似于面向对象编程中的方法或事件。

如图 2.8 所示，其中的业务对象有合同工、员工、组织单元、岗位和技能，事件则有雇佣、终止、离职、转岗、晋升、评价等。对象之间还有"被拥有"与"拥有""管理""汇报给"等关系类型。

（2）UML 统一建模语言

UML 是一种为面向对象系统的产品进行说明、可视化和编制文档的一种标准语言，在软件开发工程师之间比较常用。UML 中包括功能模型、对象模型和动态模型，由模型元素（Model Element）、图（Diagram）、视图（View）、通用机制（General Mechanism）等几个部分组成。

（3）OPM 对象过程建模

相比 UML 统一建模语言，OPM 对象过程建模的方法更简单，不仅可以用于软件开发领域，也可以用于其他产品的设计和建模。

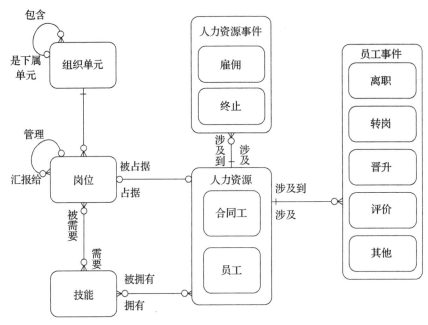

图 2.8   E-R 概念数据建模方法举例

　　如果从模型学的角度，世界基本由三种要素构成，即物（Object）、事或过程（Process）和关系（Relationship）。从时间变迁的角度，物是物理或信息上的静态存在（Existence）；过程是一种时间和动作序列化的动态存在（Happening）；关系则是物与物之间、过程与过程之间、物与过程之间的相互关联，可以表现为结构（Structure）或行为（Behavior）。世界或世界的某部分，都可以用这三方面的要素建构或解构。在这种思想的指导下，诞生了很多模型方法论，通用性比较强又相对简单的是对象关系方法论（Object-Process Methodology，OPM）。

　　在 OPM 方法论中，人们（用五官或理性思维）看得见也可言说的关键要素只有两类，即对象（Object）和过程（Process）。关系则只能根据最终结果或输出来意会，难以言说或书面化，它是现实世界中的"玄"和"玄之又玄"。过程对对象的影响主要有三种：

1）过程消耗或消灭对象，比如制造过程要消耗原材料；

2）过程催生或创造对象，比如制造过程产生副产品或产成品；

3）过程改变对象的状态，比如制造过程将所使用的设备设置为"忙"的状态。

在制造过程中，人、机、料（含原材料、在制品和产成品）和环是对象，法和测是过程。此外，对象还可能是过程的操作者（Operator），过程由对象触发或控制；对象还可能为过程提供支持（Instrument），过程的推进依赖某些工具或设备。

用 OPM 的方法描绘的通用制造系统模型如图 2.9 所示。

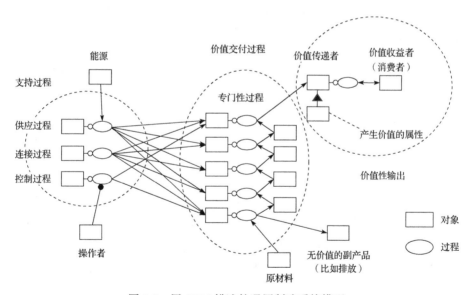

图 2.9　用 OPM 描述的通用制造系统模型

由图 2.9 的模型图，可以得出以下结论：

1）制造系统的核心作用是转化，即将能源、人力、原材料等资源转化为产品；

2）制造系统的运行过程中还会产生一定的无价值副产品，比如排放、返工、等待、工料费等；

3）制造系统的改进方向是减少资源消耗，杜绝无价值副产品，增加价值产品的产出；

4）制造系统的改进路径是优化对象与对象之间、对象与过程之间、过程与过程之间的关系，即结构和行为。

（4）对象、类和类的层次

选择什么样的建模语言或工具，主要取决于当事人的偏好，选用任何一种建模工具都不能保证数据建模的高质量，还要在数据模型中的对象、类，以及类的层次上下功夫，考验的是当事人的哲学思维和架构能力。下面以业内知名的物联网平台——PTC ThingWorx 数据建模为例，来谈谈其中所蕴含的数据建模思想。

应用软件是解决方案的"母体"，PaaS 平台是应用软件的"母体"。

从业务需求到解决方案，从解决方案到应用软件，从应用软件到 PaaS 平台，抽象化越来越高，通用性越来越强。平台之所以称为平台，就是因为它是高度抽象化、模型化的架构式软件系统，它能衍生出千千万万的"子孙"——应用软件。

PaaS 平台是模型和架构思维在 IT 行业的具体实例，其模型化、架构化的程度越高，平台的生命力就越强。在 PTC ThingWorx 平台中，基本架构要素如图 2.10 所示，主要有七个：Thing Shape、Thing Template、Thing、属性、服务、事件和订阅。

Thing 是物联网中对象的统称，可以代表智能设备、资产、产品、IT 系统、人员、流程等。简而言之，在物联网世界中，万事万物都是 Thing。

Thing Shape 和 Thing Template 是 Thing 的类，是在 Thing 之上更高层

面的模块化。Thing 可以继承 Thing Shape 和 Thing Template 的各种属性和方法。一个 Thing 需要分配一个 Thing Template，也可同时分配一个或多个 Thing Shape。

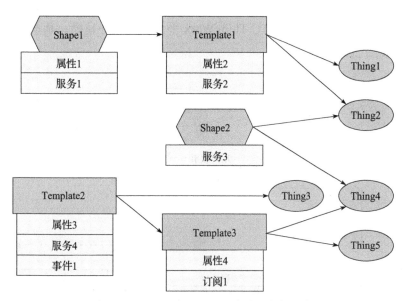

图 2.10　PTC ThingWorx 平台中的架构要素

Thing Shape 可以理解为迷你型 Thing Template。Thing Shape 可以分配给 Thing Template，反之则不行。分配给 Thing Template 或 Thing 的 Thing Shape 可以为一个或多个，而分配给 Thing Template 或 Thing 的 Thing Template 则只能为一个。

属性、服务、事件、订阅等用于描述物联网中各种 Thing 的特性和方法。属性、服务、事件和订阅可以分配给 Thing Shape 和 Thing Template，然后再间接继承到相关的 Thing，也可以直接将其分配给 Thing。

属性是对 Thing 的描述，可以是静态的，也可以是动态的。

服务是由一段代码所构成的方法或功能，以帮助 Thing 完成某个特定的活动。

事件是触发器，用于触发 Thing 的状态变化，也可以驱动某个业务逻辑或活动。

订阅是伴随着事件的活动，可用于业务的优化或自动化。

根据业务需求，应用 PTC ThingWorx 平台进行业务建模，基本遵循以下过程（如图 2.11 所示）：

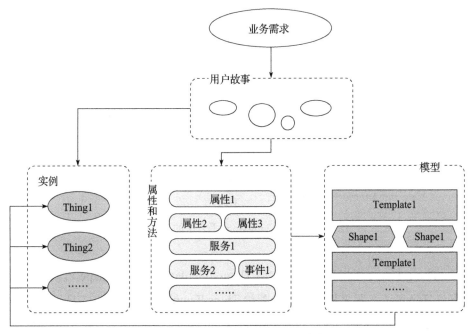

图 2.11　PTC ThingWorx 中的数据建模过程

1）业务需求的准确性、完整性记录和澄清；

2）将业务需求分解成相对独立的用户故事；

3）将用户故事的内容拆分成业务对象（实例，Instance）和对象之间的关系（Relationship）；

4）将关系的内容和性质进一步拆分成属性、服务、事件和订阅；

5）将第 4 步中的属性、服务、事件、订阅等进行归纳和分类；

6）根据第 5 步的分类，定义必要的 Template 或 Shape，并将所有的属性、服务、事件、订阅等分配给 Template 或 Shape；

7）将第 3 步实例清单中的实例与第 6 步的 Template 或 Shape 进行关联；

8）用 Template、Shape、Thing、属性、服务、事件、订阅等要素，以相互之间的分配与继承关系完整地描绘第 2 步的所有用户故事。

利用 ThingWorx 对物联网业务场景进行建模，就是从特殊到一般、从个体到模型的过程，其中的关键是实例与实例之间关系的整理和结构化。将关系拆分成不可分割的属性、服务、事件或订阅，然后再合并同类项，最终完成从关系到属性和方法、从属性和方法到模型化的过程。

2.4.2　逻辑建模

逻辑建模（Logical Modeling）是将概念建模的内容进行数据结构化。在逻辑建模中，对象、对象属性等要素用数据库表和表字段来表示，包括创建多少数据库表，每一个数据库表有哪些列（字段）、主键和外键，每一列的标识、名称、数据类型、长度和业务规则，等等。

2.4.3　物理建模

物理建模（Physical Modeling）是将逻辑建模的内容落实到具体的数据管理系统中。这时，数据库管理系统的选择还要考虑数据库性能、访问控制、存储空间、硬件要求等。

综上所述，概念建模、逻辑建模和物理建模是数据建模的三个步骤和主要工作内容。其中，逻辑建模和物理建模纯粹是技术活，概念建模则更多地考验建模者对需求的理解程度，以及将业务需求转化为数据需求的哲学思辨和架构思维的能力，是决定软件质量的根本所在。

社会技术系统模型思维

大诗人陆游说："汝果欲学诗，功夫在诗外。"看来，要想创造数字化的诗和远方，还是要从数字化之外去求索和着力。向数字化之外求索什么呢？我们可以从各种 CIO 的特征上寻找启示。

现实生活中，非常成功的 CIO 毕竟是少数，而大多是业绩一般或成就感不高。笔者发现，成功的 CIO 大都具备以下一个或几个特点：1）善于宣传和造势；2）擅长与人沟通；3）不是 IT 专业科班出身；4）兼任某个业务或管理部门的领导（或者说，业务或管理是主业，数字化是副业）；5）深得老板的信任。反观业绩一般的 CIO，则大都具有以下一个或几个特点：1）技术宅男；2）不善于包装自己；3）关注细节，事必躬亲；4）不善于与老板沟通。

通过对各种类型的 CIO 之间的比较，我们可以发现，决定 CIO 职业成功与否的因素，不仅是对 IT 技术的掌握，而且还有除数字化技术之外的其他要素。

业绩一般的 CIO 和数字化团队如果要想改变自己的命运，就要尝试在老板和需求部门的脑中建立起 "I can，I am the best" 的印象，这需要从改变自己的思维模式做起，把之前的技术型、分析型思维升级为系统型思维，如图 3.1 所示。

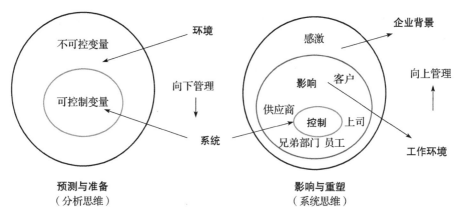

图 3.1　从分析型思维升级到系统型思维

在分析型思维中，人们把决定事情成败的因素分为可控制变量和不可控变量。为了确保事情的成功，只在可控制变量里做功。于是，数字化团队和业绩一般的 CIO 拼命于数字化的技术细节，在数据库、代码开发、物联网技术等自己可控的因素中努力，而忽视了更多的、能量更大的、甚至决定事情成败的其他因素。而在系统思维中，人们把决定事情成败的因素分为三类：可控制、可影响和应感激。可控制的因素自不必说，其实，它们在总决定因素中的占比很低，能量也很小。可影响的因素是指那些虽然不受我们完全的控制，但可以通过互动、交流等手段影响其看法、支持度和参与度的因素，他们包括客户、供应商、上司、兄弟部门、员工等，其实，也是决定事情成败因素中能量最大、最广泛的一批人。应感激的因素是指那些业务之外的因素，比如老板的老板或行业技术专家，对其我们只能说"感谢"。

由此可见，数字化工作的关键点之一，就是如何影响那些应该影响的人们，让他们相信"我"或"我们"是企业里最适合领导数字化建设的人。

谈到影响他人，那就不是技术问题，而是关乎人文、关乎心理、关乎文化。实际上，在系统学家看来，企业是一个多意志的社会文化系统（multi-minded socio-cultural system），是一个怀着各自目的、相互影响和依赖的群体，是一个有着多个维度考量、开放的、通过信息维系的、具备自组织和自进化能力的系统。作为社会文化系统的企业，如果我们要想影响企业中的其他利益相关方，就要从社会文化系统的特性，从财富、决策、美感、知识、理念等方面入手，让他们建立起对我们的信任和认可，如图3.2所示。

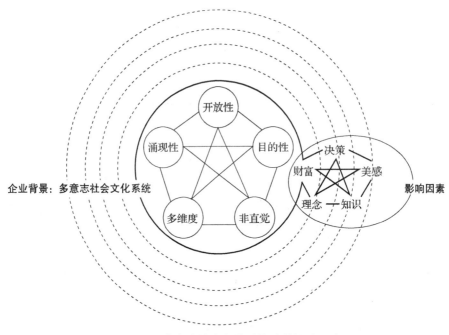

图 3.2　多意志社会文化系统及其影响因素

3.1　财富分配

如果数字化建设中有财富的创造，那就是数字化建设经济附加值（EVA）的产生，它不应该只属于某几个人，而应该尽可能惠及所有的利益相关者，尤其是数字化建设中所涉及的人。因此，作为数字化建设的领导者，应该尽可能地兼顾数字化建设中财富的创造和分配，兼顾数字化建设中组织的诉求和个人的诉求，并设计合理的数字化业绩监控、评价和奖励体系，让大多数人都能从数字化建设和转型中有利益的获得感，从而做到利益相关方的多赢。只有这样，大家才会愿意为数字化建设和转型工作拍手称赞、擂鼓助威，甚至献身其中。数字化财富的影响如图 3.3 所示。

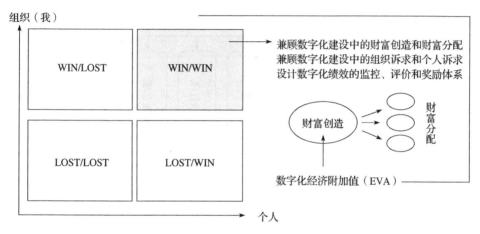

图 3.3　数字化财富的影响

3.2　决策落实

很多企业的老板之所以对数字化工作不满意，部分原因是感觉自己的决策意图没有得到贯彻，或者说 CIO 们只是让老板做判断题，而不是让老板做选择题。

让老板做数字化建设中的选择题，主要通过 IT 或数字化规划来落实，"怎么做"的选择权和参与权要通过数字化项目交付来落实，而在"做得怎样"的评价权方面，要通过人（精神层面）、事（使命层面）和物（财富层面），让老板或需求部门体会和感知到数字化建设的价值，让他们有数字化价值上的获得感。数字化决策的影响如图 3.4 所示。

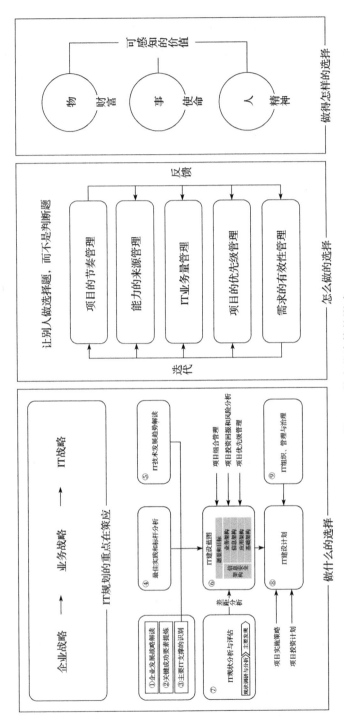

图 3.4　数字化决策的影响

3.3　美感营造

　　爱美之心，人皆有之。数字化建设中的美，就是要通过数字化建设，给利益相关者带来 IT 系统使用和数字化服务等方面的愉悦。

　　数字化美感上的影响力，是指通过数字化建设中的基于用户同理心的交互和体验设计，在方案开发、应用界面、数据呈现等方面，为用户提供愉悦的数字化体验，进而将愉悦感转化为大家对数字化建设的归属感和责任感，将数字化建设的工作当成自己义不容辞的责任来做。美感营造的影响如图 3.5 所示。

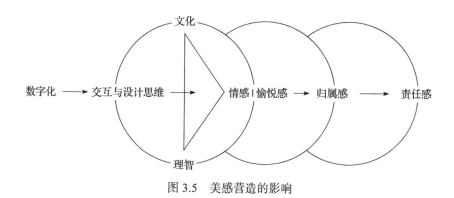

图 3.5　美感营造的影响

3.4　知识共享

　　在笔者看来，如果一个企业的数字化团队不懂业务或管理，或者业务或管理部门不懂数字化，企业的数字化建设或转型要想成功是很难的。

　　如果说数字化建设中的财富分配、决策落实和美感营造解决了利益相关者对数字化建设的意愿或态度问题，那么，数字化建设中的知识共享要解决的是利益相关者参与数字化建设的能力问题，这要通过 T 型数字化团队的建设来完成。

在 T 型数字化人才的知识和能力结构中，一横代表知识和能力的广度，一竖代表知识和能力的深度。对于数字化团队而言，一横指的是业务和管理方面的知识和能力，一竖指的是数字化专业方面的知识和能力。对于业务或管理团队而言，一横指的是数字化专业方面的知识和能力，一竖指的是业务或管理方面的知识和能力。由此可知，数字化建设所需的 T 型人才，是既懂数字化技术、又通晓业务和管理的综合型人才。

T 型数字化人才的培养，需要以训、练、演、战等多种形式，或者是业务、管理和 IT 的轮岗或融合，围绕数字化建设中的应知（what）、应会（how）、应解（why）等内容来进行，尽可能让企业的全员都知道数字化建设是什么、为什么和怎么样，让大家既熟知数字化的其然，也能理解数字化的所以然。

数字化知识的影响如图 3.6 所示。

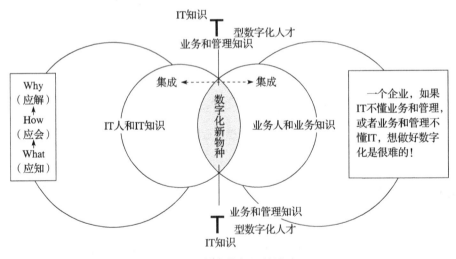

图 3.6　数字化知识的影响

3.5　冲突管理

在企业的数字化建设中，利益相关者之间不可能事事都能般配或和谐，存在这样或那样的矛盾是必然的，这就需要通过有效的冲突管理来化解矛盾。一般来说，矛盾的表现形式虽然多种多样，但无非是方式和方法或方向和目标上的不一致。针对方式方法和方向目标上同或不同的各种组合，我们可以采取相应的应对措施。对于那些在方式上与我们相同而目标不同的利益相关者，他们是可以联合的对象，至少在某些阶段是可以联合的。对于那些在方式上与我们不同而目标相同的利益相关者，可以与之开展良性竞争，比比看谁的方法更高效。对于那些在方式和目标上都与我们不同的利益相关者，表面上看大家是有冲突的，但可以通过切换工作背景，在更大或更高的背景下存异求同，从而将其转变成联合者或竞争者，这也是所谓的"退一步海阔天空"。

数字化冲突的管理如图 3.7 所示。

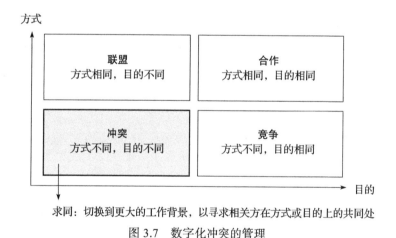

求同：切换到更大的工作背景，以寻求相关方在方式或目的上的共同处

图 3.7　数字化冲突的管理

如上所述，通过数字化建设中的财富分配、决策落实、美感营造、知识共享和冲突管理，CIO 和数字化团队就可以在管理层面做到是企业中可以信任的数字化建设和转型的领军者。但是，如果从应知的角度上讲，CIO 和数字化团队还应从应会、应解等能力上提高以具备系统思维能力。换言之，要在作为社会文化系统的企业背景下，在整体思维、运营思维和设计思维上进行持续不断的修炼，也唯有如此，CIO 和数字化团队才能既精通数字化专业

技术，又能通晓业务和管理领域的相关知识，才可能做到数字化建设的"内圣外王"。

另外，笔者还要特别强调，对企业的利益相关者而言，数字化建设中感知价值的开发和传递也很重要（如图 3.8 所示），因为在他们眼里，所感知到的，才是真实的，才具有说服力。甚至可以说，数字化建设的感知价值，是 CIO 和数字化团队基于现实，并达成目标的钥匙。

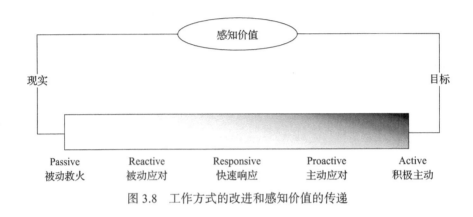

图 3.8   工作方式的改进和感知价值的传递

3.6   扩展阅读：解读 ERP

3.6.1   ERP 的内涵

ERP 的内涵是一种管理思想，是一种集中式的计划管理思想，并通过基于数据和流程的高度集成，实现经营活动中资源使用的集约化，可以将其理解为企业版的计划经济。因为要集中和集成，所以要求规范和一致策应，从而有可能牺牲组织的灵活性、针对性和分布性。

一个企业的经营管理，既要有规范的管理，也要有灵活的经营。因此，一个企业导入 ERP 时，首先要做好思想准备，做好思维的转变（如图 3.9 所示），尽快建立起流程思维、数据思维和整体思维的概念，知道哪些要"持经"、哪些要"达变"；否则，很可能一管就死、一放就乱。

图 3.9   ERP 实施时的思想准备和思维转变

3.6.2   ERP 的本质

ERP 的本质是一种社会技术系统（Socio-Technical System，STS），是社会因素与技术因素的混合体，既有社会系统的人性化特点，也有技术系统的复杂性特点，更强调社会因素与技术因素的融合。社会系统的基本构成单元是人，而人是世界上最不稳定、最多样化的。一般人都喜欢自由和随性，不喜欢受约束，而这与规范、计划、集中、一致等 ERP 管理思想相矛盾。成功学里面有句口头禅：思想决定态度，态度决定行为，行为决定结果。因此，企业中 ERP 的导入，要从改变人们的思想和态度做起，思想通了，态度端正了，ERP 才有可能得到正确使用。

技术系统往往是复杂和难以被人理解的。一般人的思维是感性和直观的，大多只能理解简单的事物。如何将复杂的事物或技术系统简单化，简单到容易被人接受和掌握，考验着每一个 ERP 实施和应用企业的智慧。

社会技术系统更强调社会要素与技术要素的融合，其复杂性如图 3.10 所示。很多企业往往只意识到 ERP 的技术性，而忽视其社会性，因而，将 ERP 的实施和应用当成是 IT 部门的事情，认为只要买了一个所谓的国际领先软件就可以用好 ERP。实际上，在笔者看来，ERP 的社会性特点比其技术性特点更重要，ERP 实施和应用对人员和组织上的挑战，更甚于对技术的理解和掌握上的挑战。

3.6.3   ERP 的定位

ERP 的定位是企业的运营变革。在企业中，ERP 的对象是企业的运营体系，ERP只有与企业的运营体系发生化学反应，ERP才有可能用好。因此，ERP实施和应用的过程，也是企业运营体系变革的过程，后者其实也是企业实施和应用ERP的指导方针。

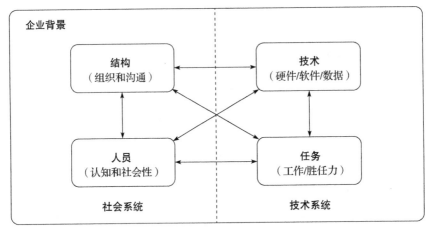

图 3.10　社会技术系统的复杂性

借助ERP的实施和应用，企业对其运营体系进行变革（如图3.11所示），变革的目的是提高企业的运营效率和效益，其中包括订单及时交付等在内的流程效率的提升，产能利用率在内的资产利用率的提升，库存周转率在内的资源使用率的提升，减少信息中介和重复性作业在内的成本结构的优化，小批量、多品种生产为代表的敏捷性的提升，等等。

为了提升企业的运营效率和效益，ERP的实施和应用需要运营体系中的流程、人员、技术等要素进行融合，以实现信息的高度共享、流程的高度集成、业务的规范化和作业的自动化。在融合的过程中，是流程、人员和技术三方面的融合，要相互理解和相互适配，因此就要对流程、人员、组织等方面进行适当的变革。曾几何时，先BPR（业务流程重组）后ERP成为企业实施和应用ERP的共识，但现在，BPR这个ERP的前置或同步条件，大家已经很少谈了。流程、人员与技术，到底是"脚适配鞋"，还是"鞋适配脚"，抑或是"脚和鞋相互适配"，需要我们仔细思量。

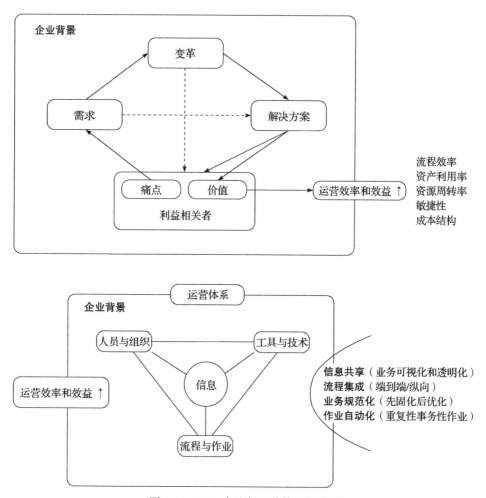

图 3.11　ERP 实施与运营体系的变革

3.6.4　ERP 的挑战

　　企业运营体系的变革以及变革中流程、人员和技术的融合，不是一蹴而就的，而是一趟没有终点的旅程。对企业经营管理而言，结果很重要，过程更重要。有了好的过程，企业就可以创造一个又一个的胜利。从这个层面来说，与其说 ERP 的实施和应用是企业运营体系的变革，还不如说是企业运营体系变革能力的建设。

很多企业实施和应用ERP，一般会请咨询公司帮忙。可是，咨询公司的作用是阶段性的，项目做完就会撤走，而企业中ERP的实施、应用和优化是持续的。因此，要想用好ERP，企业就必须形成自己的能力，形成运营变革的能力，形成ERP实施、应用和优化的能力。在运营体系变革和ERP实施、应用和优化的过程中，没问题是偶然的，有问题是必然的，但是，只要企业能够自己发现问题、分析问题和解决问题，ERP就不可能用不好。怕就怕在，即使请了外部咨询公司，企业对ERP还是一知半解，还是知其然不知其所以然。然后，一旦咨询公司的顾问撤走后再出现ERP应用上的问题，企业就束手无策，这种情况下，ERP能用好才怪！

要构建ERP实施、应用和优化的能力，企业可以通过训、练、演、战等多种形式进行，并沿着如图3.12所示的P-CMM（Person Capability Maturity Model）成熟度模型规划的路线不断地精进。训是培训，练是练习，演是演

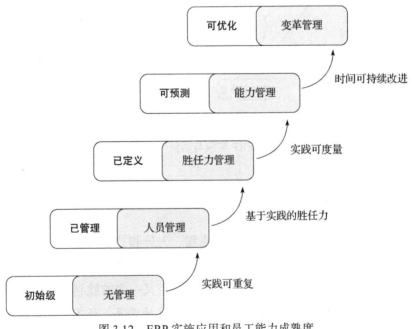

图 3.12　ERP 实施应用和员工能力成熟度

习，战是实战，代表理论与实际相结合，代表问题导向的 ERP 实施、应用和优化。P-CMM 员工能力成熟度模型，是将 ERP 实施、应用和优化的能力建设放在企业战略和可持续发展的高度，以体系化的方式推进。

对企业而言，ERP 的实施和应用是一场与自我作战的战役，只要正确认识 ERP 实施和应用的艰巨性和长期性，正确认识 ERP 实施和应用的内涵、本质、定位和挑战，从思想和思维的转变着手，以运营体系的变革为指引，以运营效率和效益的提升为目标，以流程、人员和技术的优化与融合为主体，以问题导向的能力建设为依托，就一定能实施和应用好 ERP。

企业架构模型思维

沟通要有桥梁，企业架构就是 IT 与业务、IT 与老板之间沟通的桥梁，有了这座桥梁，IT 部门说的话就能让业务和老板听得懂，IT 部门的工作就能与业务的期望策应。而企业架构的实践，就是 IT 人的企业信息化 / 数字化工作、与业务和老板达成共识的过程。

4.1　企业架构的三个层面和六类构件

首先，如图 4.1 所示，企业架构分别从规则、结构和变化三个层面，将信息技术工作与老板和业务部门的期望进行策应，依靠的是业务考量、IT 标准、业务愿景、IT 全景、方案框架和方案设计六类构件。如图 4.2 所示，在以上企业架构的六类构件中，业务考量、业务愿景和方案框架是从业务的角度来讲，用的是业务语言；IT 标准、IT 全景、方案设计是从 IT 的角度来讲，用的是 IT 语言；业务考量和 IT 标准讲的是规则，业务愿景和 IT 全景讲的是结构，方案框架和方案设计讲的是变化。规则、结构和变化三个层面有机结合、层层分解地描述了企业信息化 / 数字化的演变过程。

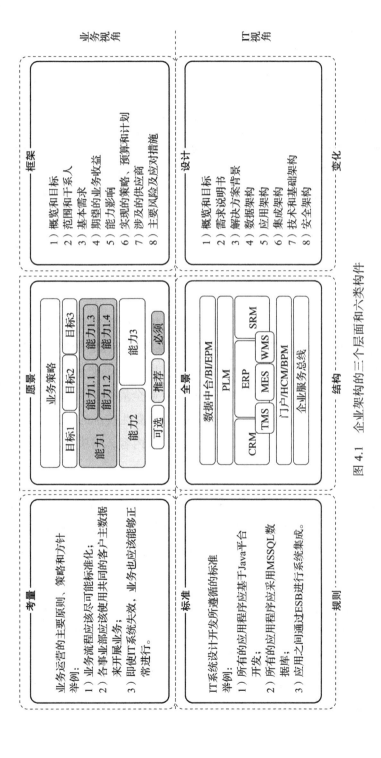

业务视角

IT视角

框架

1）概览和目标
2）范围和干系人
3）基本需求
4）期望的业务收益
5）能力影响
6）实现的策略、预算和计划
7）涉及的供应商
8）主要风险及应对措施

设计

1）概览和目标
2）需求说明书
3）解决方案背景
4）数据架构
5）应用架构
6）集成架构
7）技术和基础架构
8）安全架构

变化

愿景

业务策略

目标1　目标2　目标3

能力1.1　能力1.3
能力1　能力1.2　能力1.4
能力2　能力3

可选　推荐　必须

全景

数据中台/BI/EPM
PLM
CRM　ERP
TMS　MES　WMS
门户/HCM/BPM　SRM
企业服务总线

结构

考量

业务运营的主要原则、策略和方针
举例：
1）业务流程应该尽可能标准化；
2）各事业部应该使用共同的客户主数据来开展业务；
3）即使IT系统失效，业务也应该能够正常进行。

标准

IT系统设计开发所遵循的标准
举例：
1）所有的应用程序应基于Java平台开发；
2）所有的应用程序应采用MSSQL数据库；
3）应用之间通过ESB进行系统集成。

规则

图 4.1　企业架构的三个层面和六类构件

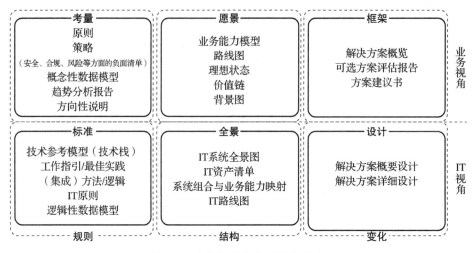

图 4.2   企业架构的主要构件列表

业务考量是企业中全局性、长期性、相对稳定的业务规则，主要代表包括业务原则（企业在多大范围和何种层级保持流程的标准化和数据的集成化）、业务策略（业务开展时的负面清单，即哪些不能做，主要从安全、合规、风险等角度讲）、概念性数据模型（企业全局性的关键元数据，比如客户主数据的定义）、趋势分析报告（企业对颠覆性技术的应用态度）、方向性说明（业务开展的偏好）等。业务考量的具体内容，将决定 IT 标准、业务愿景、IT 全景、方案框架和方案设计的选择。

IT 标准是企业中全局性和长期性的技术规则，包括企业所采用的技术参考模型或技术栈（开发语言、中间件、数据库等）、工作指引或 IT 行业的最佳实践、逻辑性数据模型（全局性关键主数据的详细定义）等。IT 标准在规则上响应了企业和业务的需求。

业务愿景从结构上描述企业是如何做事情的，是业务能力的结构化。业务愿景的具体形式和代表包括业务能力模型或业务能力地图、业务能力路线图、业务运行理想状态、企业价值链和运营背景图等。业务愿景服从业务考量的指导，同时指导 IT 解决方案的设计和实现。以业务能力为例，它是企业中业务流程、角色和岗位、技术和工具的融合，因而可以作为 IT 解决方案设计时的主要输入。

IT 全景从结构上描绘企业当前的 IT 全景图。IT 全景的主要内容包括 IT 系统组合及其相互关系、IT 系统建设路线图、IT 资产清单、IT 系统组合与业务能力映射关系等。IT 全景既响应了 IT 标准的一般性要求，又响应了业务愿景在业务期望、IT 解决方案、功能、性能等方面的要求。

方案框架指的是某个 IT 解决方案的概览，是为了响应企业外部环境、战略和业务变化而出现的短期性的举措。方案框架包括解决方案概览、可选方案评估报告和方案建议书。方案框架从变化的角度反映业务愿景将如何达成。

方案设计指的是某个 IT 解决方案在技术变化方面的概要设计和详细设计，是解决方案实施时的具体依据。

在企业架构中，业务考量、IT 标准、业务愿景、IT 全景、方案框架和方案设计六大类构件，从长期到短期，从规则到实践，从一般到特殊，从业务到 IT，层层递进、相互嵌套，系统而动态地反映企业信息化/数字化建设的目的和过程。其中，业务考量、业务愿景、方案框架等内容，虽然采用的是业务语言，但也可以有效地被 IT 人员理解并转化为相关的 IT 要求。这样，从战略到执行，从业务到 IT 的沟通桥梁就搭建起来了。

4.2 IT 和业务的六个主要沟通点

企业架构实践的真正意义不在其构件或输出物，而在于 IT 和业务就企业架构构件进行讨论并达成共识的沟通过程，其本质是跨专业的团队学习。如图 4.3 所示，为了达成相关共识，IT 和业务可以从以下六个沟通点展开：运营模式、业务策略、业务能力、关键业务痛点、业务流程和业务需求。

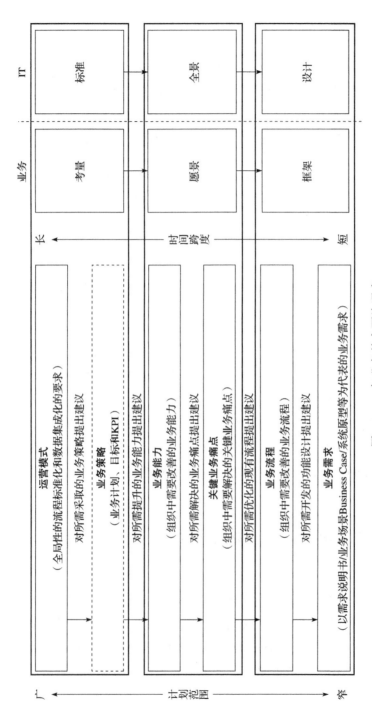

图 4.3 IT 与业务的主要沟通点

运营模式指的是企业在何种层面和多大范围内要求业务流程的标准化和数据的集成化。如果企业全局的流程高度标准化和数据高度集成化，则运营模式是**一体式**。如果企业全局的流程高度标准化和数据较低集成化，则运营模式是**复制式**。如果企业局部或本地的流程标准化和全局的数据高度集成化，则运营模式是**协作式**。如果企业局部或本地的流程标准化和局部或本地的数据集成化，则运营模式是**分散式**。

业务策略指的是企业各业务部门和支持部门的业务计划、经营目标和主要 KPI。正如战略地图和平衡记分卡所述，内部流程是企业达成客户目标和财务目标的能力依据，而以技术和数据为主要内容的学习与成长，则是流程得以高效运行的保证。因此，对业务策略的讨论，必然会推导出业务对流程、技术、数据等方面的具体要求。

运营模式和业务策略的选择，将决定企业中规则的设定，也就是业务考量的具体内容和对 IT 标准的具体要求。

运营模式和业务策略的选择，将对企业需要提升的业务能力提出建议，而关键业务痛点则是就具体领域或具体能力提出明确要求。IT 和业务对业务能力和关键业务痛点的讨论，有助于推动和完善企业架构中的业务愿景和 IT 全景。

前文说过，企业的业务能力是业务流程、角色和岗位以及技术和工具三者的融合体。企业中的业务流程设计，是 IT 解决方案设计的主要输入。换而言之，IT 解决方案的目的就是将业务流程、角色和岗位等能力要求信息化 / 数字化。以需求说明书、业务场景、系统原型等为表现形式的业务需求，则是 IT 系统开发时的主要输入。

综上所述，IT 和业务可以就运营模式、业务策略、业务能力、关键业务痛点、业务流程、业务需求等内容展开不同层次的、广泛的讨论，从而在 IT 与业务之间达成尽可能多的共识。在讨论的过程中，企业架构既是输入，也是输出。说它是输入，是指企业架构可以作为讨论的框架和指引，这样就能有序、丰富、有层次地展开讨论；说它是输出，是指讨论的结果可用于企业架构的更新和完善。

4.3 企业架构的三种实践过程

在企业中，IT 与业务就企业架构的讨论、开发和完善的相关工作，应该是日常性工作，是持续迭代和不断演变的过程。其中，有些工作是业务触发的，有些工作是 IT 触发的，有些工作是围绕 IT 项目的策划和实施展开的。大体上，从内容和性质而言，上述工作可以分为三类：战略计划、方案交付和技术优化。企业架构的三种实践过程如图 4.4 所示。

（1）战略计划

战略计划是对企业架构中的业务考量和业务愿景进行解读和开发。企业架构实践中的战略计划是企业战略管理的基本组成部分。企业架构实践中的战略计划应该每年回顾一次，一旦有变化，比如企业的整体战略发生变化、外部环境发生变化或出现颠覆性技术时，业务考量和业务愿景也应进行相应的调整，以响应企业战略或环境的变化。

（2）方案交付

方案交付指的是企业中某个信息化 / 数字化解决方案的交付，它是业务能力发展路线图和 IT 系统建设路线图中某个节点的具体实现。方案交付与信息化 / 数字化项目全生命周期管理相匹配，包括方案（项目）策划和方案（项目）实施两个子过程。在方案交付中，企业架构主要作为方案和项目参考来发挥指引性作用。

（3）技术优化

企业的 IT 系统同样遵循生成法则，有全生命周期管理要求。在某个时间点，随着技术的发展或系统使用年限的增长，有些新的技术要导入，有些老旧的系统要淘汰，企业架构实践中的技术优化就是要通过不断的迭代和演变，以确保企业中 IT 系统和 IT 全景的稳定、健康和可持续发展。

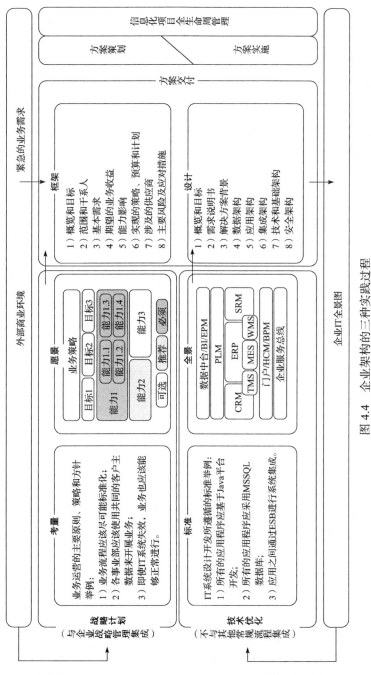

图 4.4 企业架构的三种实践过程

历史研究表明，世界上各种战争的缘由往往是交战方所持有的偏见。有些偏见是历史或文化导致的，有些偏见则是双方沟通不当所致。大到国与国之间的战争如此，小到企业中 IT 与业务之间的冲突也如此。IT 部门要想拥有更大的话语权，要想在信息化 / 数字化建设中发挥更积极的作用，要从消除 IT 与业务之间的认知偏差做起，而企业架构和企业架构的实践可以在其中起到沟通桥梁的作用。换而言之，通过企业架构和企业架构的实践，可以推动 IT 与业务的有效融合。

4.4　扩展阅读：制造企业的战略、流程与 IT 系统

制造业的管理理念没有任何玄幻，也算不上高大上，靠的是日复一日的积累以及基于系统性思考的持续改善，尤其后者，是很多中小制造企业所欠缺的，这也是这些企业数字化建设过程中普遍面临的问题。本节中，笔者就从战略、流程与 IT 三者之间的关系，谈谈制造企业数字化建设中的几个重点。

4.4.1　战略

在 CSC Index 系统公司的咨询师特里西（Michael Treacy）和威尔斯马（Fred Wiersema）看来，制造企业的竞争策略或价值信条主要有三个：卓越运营（Operational Excellence），领先产品（Product Leadership）和亲近客户（Customer Intimacy）。每一个公司都必须从这三个价值信条中选择一个或多个，持续对其做功，才能获得成功。

卓越运营，指的是一流的运营和执行，通常表现为以非常低的价格提供质量优越的产品或服务。卓越运营关注的焦点是效率、流线化生产、供应链管理、无冗余服务和重视质量。

领先产品，即企业强于创新并具有高美誉度的市场品牌。领先产品关注的焦点是开发、创新、设计和市场的时效性，以及在较短时间内获取高额边

际利润。

亲近客户，指的是企业卓越于关注顾客与服务顾客，针对每一个客户，提供量体裁衣的产品和服务，或者是产品类别丰富，差异化特点明显。亲近客户关注的焦点是客户关系管理、产品或服务的供给准时并超出顾客期望、终生价值概念、可靠性、贴近客户等。

4.4.2　流程

在数字化建设中，要想落实卓越运营、领先产品、亲近客户等竞争策略，就要体现在相应的业务流程中。具体来说，卓越运营主要由订单交付（OTD）流程来实现，领先产品主要由新产品导入（NPI）和寻源到付款（S2P）业务流程来实现，亲近客户主要由线索到收款（L2C）业务流程来实现。因此，制造企业的核心业务流程框架如图 4.5 所示。

（1）新产品导入

在汽车行业，有这么一个说法：80% 以上的质量问题是由设计不当导致的，80% 以上的产品制造成本是由设计环节决定的。因此，产品竞争力主要取决于新产品导入（New Product Introduction，NPI）的流程质量。

在数字化建设中，与新产品导入业务相关的 IT 系统主要有 PLM/PDM，其流程框架如图 4.6 所示。

（2）线索到收款

线索到收款（Lead to Cash，L2C）是制造企业中端到端高度集成的业务流，它始于客户意图，终于客户对产品的购买和企业的销售收款。线索到收款是典型的业务管线（pipeline）或漏斗，又可分为接触到线索（Interaction to Lead）、线索到机会（Lead to Opportunity）、机会到报价（Opportunity to Quote）、报价到订单（Quote to Order）和订单到收款（Order to Cash）五个先后关联的子流程。针对线索到收款流程，企业可以从吞吐量（Throughout）、转化率、周期时间、客户体验等角度来评价和提升。

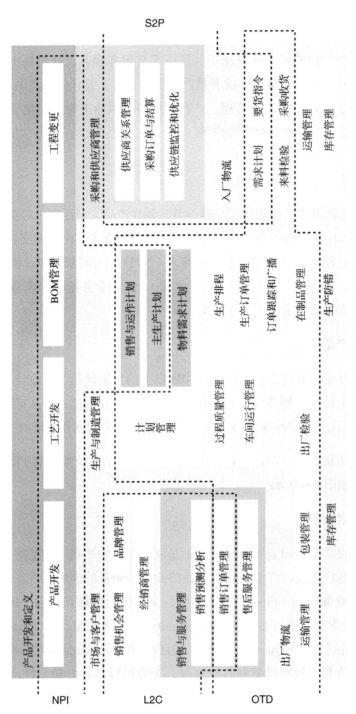

图 4.5　制造企业的核心业务流程框架

明确客户需求 〉 概念定义 〉 计划和参数化 〉 产品开发和工艺开发 〉 测试和验证 〉 交付、支持和改进 〉

图 4.6　新产品导入（NPI）流程示意

与线索到收款业务相关的 IT 系统主要有 CRM，其流程框架如图 4.7 所示。

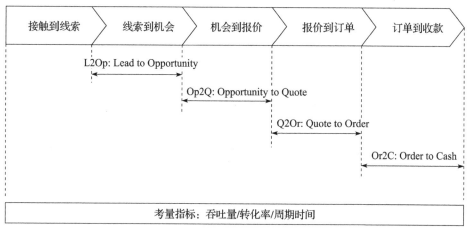

图 4.7　线索到收款（L2C）流程示意

（3）订单交付

对制造企业而言，订单交付（Order To Delivery，OTD）流程在企业价值链中处于核心位置，它就像企业的任督二脉，把企业的营销、技术、采购、生产、物流等部门串联在一起，让大家高度集成和协作地为产品或服务的交付而努力。调查研究表明，制造企业在经营管理中的典型问题，比如订单交付不及时、生产计划不均衡、产能利用率低、产品质量不稳定、库存积压、制造成本居高不下、生产计划人员疲于应付、员工劳动负荷大等，都是因为订单交付流程没有得到有效管理导致的。

订单交付流程主要有销售预测、订单管理、生产计划、生产排程与控制、物料供应、分销与运输等几个模块组成，具体如图 4.8 所示。

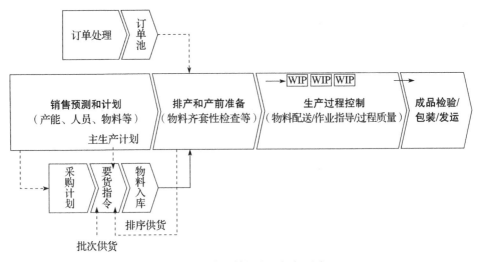

图 4.8   订单交付的流程框架示意

与订单交付业务相关的 IT 系统比较多，主要包括销售预测、ERP、APS、MES、WMS 等。

（4）寻源到付款

在制造行业中，如何提高供应链的运营效率和响应速度，如何消除供应链的牛鞭效应，是很多企业在供应链管理领域重点要解决的问题，这考验的是企业供应链的整合能力，而相关的核心业务流程就是寻源到付款（Sourcing to Payment，S2P）。

与 S2P 业务有关的业务系统主要有 SRM 供应商关系管理系统、EDI 等，其业务流程框架示意如图 4.9 所示。

图 4.9   寻源到付款的流程框架示意

4.4.3 IT 系统

制造企业在经营管理中存在的问题，主要原因之一是上述核心业务流程没有定义清楚。如果定义清楚了，接下来就是看 IT 系统如何支持或赋能这些流程，即 IT 系统是否与业务流程、岗位、组织等其他要素实现较好的融合。

一般来说，业务流程只是业务的表现形式，它体现企业的业务能力。在企业的经营管理实践中，信息化和数字化已是业内公认的趋势。在信息化和数字化中，信息技术只是手段，"化"才是目的。"化"是建设，"化"是培育，"化"是养成，"化"是融合，是业务能力各种构成要素的融合，即业务执行过程中，资源、技术、流程、人员、知识、信息等要素的融合。

如图 4.10 所示，业务愿景、业务战略和业务需求的优化催生了对业务能力的需求。业务能力在完成其使命的过程中，需要相应的资源，需要某些专门的技术，需要有流程来规范，需要相关人员的发起和推动，需要业务 know-how 指导，需要相关信息来了解、沟通和协调，这些要素缺一不可，缺少其中某一项，业务能力都会"坡脚"。

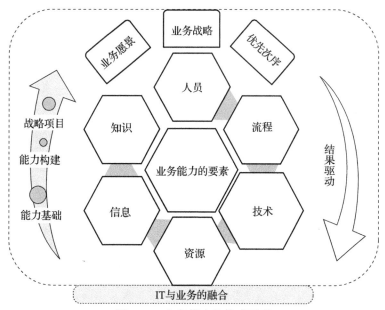

图 4.10　业务能力的构成要素

　　通过对制造企业信息化工作中存在的问题进行分析，我们会发现，有些业务之所以抱怨那么大，或者信息化建设效果不明显，要么是业务没有相应的 IT 系统做支撑，要么业务的流程不清晰和不规范，要么没有把业务知识显性化，要么业务人员在进行业务作业时没有得到必要的信息，要么相关人员缺乏业务执行所需的技能，等等。

　　因此，IT 系统需要与业务进行融合，要强调 IT 技术应用与业务能力中其他要素形成相辅相成、水乳交融的状态，而信息化建设也要以结果为导向，以应用效果来驱动信息化建设的持续改进。当信息化建设效果不理想时，要从资源、技术、流程、人员、知识、信息等多方面寻找原因和解决办法。

立体和合模型思维

形意拳是中国传统武术的代表拳种之一，与太极拳和八卦拳一起，合称中国三大内家拳。形意拳讲究"六合"，即心与意合、意与气合、气与力合、肩与胯合、肘与膝合及手与足合。只有做到了"六合"，才有可能练出所谓的"整劲"；也只有练出了"整劲"，形意拳才算是入了门。其实，企业的经营管理也讲究"整劲"，企业的运营管理活动也要符合"六合"的要求，即多与一合、内与外合、下与上合、后与前合、知与行合及器与道合。如图 5.1 所示，为了达到"六合"的要求，企业应该在立体和合模型思维的指导下改进和完善其经营管理水平。

5.1　多与一合

企业的经营管理是群体性经济活动，因为社会分工的不同和产品服务的特点，企业中处处有"多"。比如多个利益相关者、多个价值链、多个部门、多个岗位、多种产品或服务、多种资源等。在经营管理中，必须平衡和整合好这些"多"，让它们都能为"一"服务，即一个共同的发展目标、一个共

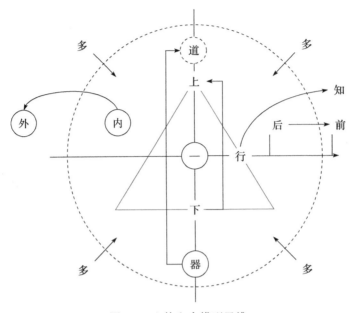

图 5.1   立体和合模型思维

同的管理措施、一个共同的客户订单等。下面，笔者就以利益相关方的利益平衡和制造执行过程管理为例，谈谈企业中的"多与一合"。

企业要想可持续发展，就必须平衡好所有利益相关方的利益诉求。如果将某个（类）利益相关方的利益凌驾于其他利益相关方的利益之上，那么这个企业注定是一个短命的企业，这已被很多失败企业的实际案例所证明。如图 5.2 所示，企业中的利益相关方包括股东、债权人、监管机构、管理层、员工、社区、供应商、客户等，他们对企业的利益诉求，有些是冲突的，这时就必须把他们的利益诉求平衡好，让所有的利益诉求都服务于企业可持续发展这一共同目标。

在制造企业的生产制造执行过程中，管理的主要对象是人、机、料、法、环、测等要素，而这些要素的运行都应围绕在制品的流转和产成品的生产来展开，必须符合在制品和产成品的相关要求。因此，如图 5.3 所示，在制造执行的过程管理中，人、机、料、法、环、测等要素是"多"，在制品或产成品是"一","多"必须与"一"相匹配,在"一"的要求和指导下运行,这其实也是制造执行系统(Manufacturing Execution System,MES)架构和功能设计的指导原则。

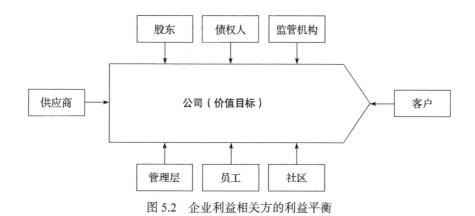

图 5.2 企业利益相关方的利益平衡

企业经营管理活动中的"多与一合",目的就是实现企业的"得一"。只有得到了这个"一",企业才会有"整劲",企业的机体才会是健康和敏捷的。否则,就是头重脚轻,就是行动不协调。

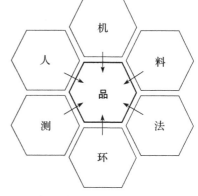

图 5.3 制造执行过程管理的"多与一合"

5.2 内与外合

"人天合一"是中国传统文化的核心思想之一。其实,企业也需要"人天合一",或者说"企天合一",即企业的发展与所处的自然、社会、经济等环境相匹配,而后者正是企业的"天"。

在企业战略管理中,常常用到如图 5.4 所示的 PEST 分析、波特五力模型、SWOT 分析等,其目的就是力求"企天合一",或者说"内与外合"。

PEST 分析是从宏观的角度，从政治、经济、社会、技术等的变化趋势来看外部环境；波特五力模型是从中观的角度，从产业的竞争形势来看外部环境。两者都属于企业的"外"，将其与企业的实际情况相匹配，就会有所谓的"机会"或"威胁"。企业的市场地位、客户关系、产品开发和组合、运营管理能力、人力资源等，是从企业内部来看企业，与外部的环境变化相比，就有所谓的"强项"和"弱项"，即与外部环境变化相适应就是企业的"强项"，不能适应外部环境变化的就是企业的"弱项"。

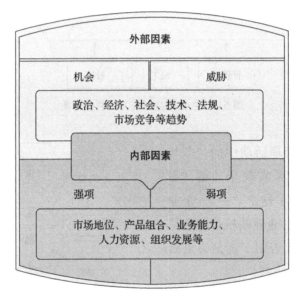

图 5.4 战略管理中的 PEST 与 SWOT 分析

如果要将企业中"内与外合"的思想落实到经营执行和绩效管理中，就可以借助平衡记分卡和战略地图。如图 5.5 所示，战略地图从财务、客户、内部流程及学习与成长四个层面来看企业的经营管理、财务、客户等层面的经营要求，可以看成是企业的"外"；内部流程、学习与成长等层面的经营要求可以看成是企业的"内"。学习与成长层面的经营要求要服务于内部流程的经营要求，而内部流程的经营要求则要服务于客户和财务层面的经营要求，这就是企业中的"内与外合"。

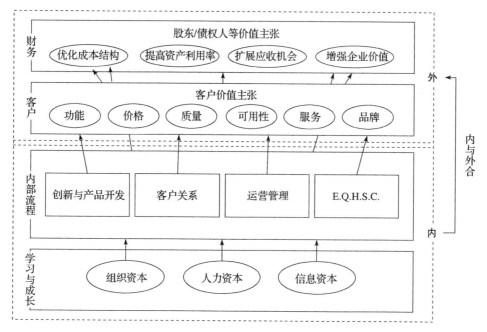

图 5.5　战略地图和企业中的"内与外合"

5.3　下与上合

从愿景和使命到发展战略，从发展战略到经营计划和经营举措，从经营计划和经营举措到经营管理活动，从经营管理活动到一线生产作业，是自上而下的目标分解和自下而上的目标达成，是企业中的"下与上合"。

如图 5.6 所示，从企业的中长期发展规划到年度经营计划（大纲），从年度经营计划到季度销售与运作计划（Sale and Operation Planning，S&OP），从季度销售与运作计划到月度主生产计划，从月度主生产计划到周生产排程，从周生产排程到每天或每班生产作业，是自上而下的目标和计划分解。而从每天或每班生产计划完成到每周、每月、每季和每年的经营计划实现，是自下而上的目标达成。目标和计划指导日常作业，日常作业支持目标和计划的完成，这就是企业中的"下与上合"。

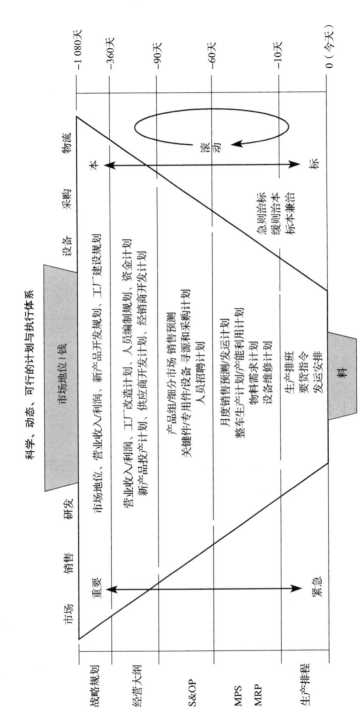

图 5.6 计划管理和企业中的 "下与上合"

　　如图 5.7 所示的自动化金字塔也可以形象地描述企业中的"下与上合"。自动化金字塔将生产计划和控制活动分为五层，与之相对应的 IT 系统或设备也有五层，分别为 Level 4 层的 ERP、Level 3 层的 MES、Level 2 层的 SCADA、Level 1 层的 PLC 和 Level 0 层的传感器 / 执行器。从 Level 4 到 Level 0，是计划和控制信息的层层下达；从 Level 0 到 Level 4，是执行和反馈信息的逐级上报。计划指导控制，控制指导执行，是企业生产自动化中的"下与上合"。

图 5.7　自动化金字塔和企业中的"下与上合"

5.4　后与前合

　　企业的战略管理中最头疼的问题是战略与执行的有序衔接。有些企业的战略制定得很美好、很奋进，可企业每天的经营管理活动还是按业务的惯性或常规来做，"诗和远方"与"现实中的苟且"是脱节的，这就是没有解决好企业中的"后与前合"，或者是"当下"与"未来"之间的关联。为此，企业可以尝试导入 OKR 等目标管理体系。

　　目标与关键结果（Object and Key Result，OKR）管理法，是企业数字化转型过程中常用的目标管理办法。"O"代表目标，代表未来，代表远方，回答的是方向和指引的问题；"KR"代表关键成果，代表近期，代表当下，回答的是当下做什么和做得怎样的问题。从业务度量的角度看，"O"是定性的度量，因此更全面、更有方向性；"KR"是定量的度量，因此更具体、更具可操作性。如图5.8所示，"KR"与"O"的统一，"后"与"前"的和合，可以兼具方向性和可行性，这样，企业就可以抬头看天，脚踩大地。

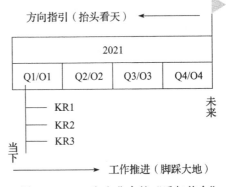

图 5.8　OKR 和企业中的"后与前合"

5.5　知与行合

"知行合一"指的是思想与行动、理论与实践的高度统一，千万不要做想法上的高个、行动上的矮子。同样，企业经营管理实践也应该"知与行合"，其典型的代表是胜任力模型对员工的相关要求。

如图5.9所示，员工胜任力模型包括五个方面：知识、技能、特性、态度和行为。其中，知识和技能属于员工的"知"，特性、态度和行为属于员工的"行"。"知"和"行"要高度统一，如果要分轻重，那么"行"比"知"更重要，特性、态度和行为要比知识和技能更重要，国防大学金一南教授更是认为：只有可以执行的知识才是知识。《实践论》中主要谈的也

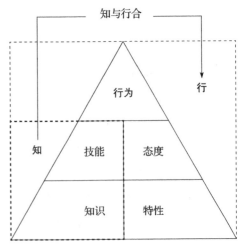

图 5.9　胜任力模型和企业中的"知与行合"

是"知"与"行"的关系："知"来自"行"，"知"是"行"的抽象和深化，又能指导新的"行"。

5.6　器与道合

"形而上者谓之道，形而下者谓之器。化而裁之谓之变，推而行之谓之通，举而措之天下之民谓之事业。"形而上的"道"指导形而下的"器"，形而下的"器"则是形而上的"道"的体现或证明，在它们的关系上则要求"器与道合"。在企业经营管理实践中，形而上的"道"包括企业的愿景、使命、核心价值观等企业文化层面的内容，形而下的"器"包括企业的组织架构、生产设施、产品或服务等可形、可观、可触的内容。一个企业，如果有"道"无"器"，那便是空想，是空谈；如果有"器"无"道"，那便是行尸走肉。因此，企业的经营管理实践应该是"道""器"相参，应该是"器合于道"，这也可以从如图 5.10 所示的 IBM 业务领导力模型中得到验证。

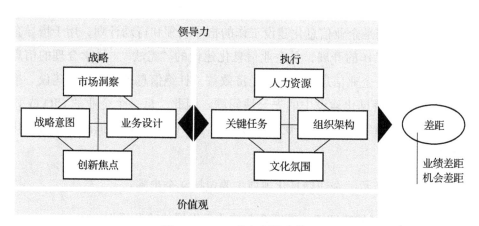

图 5.10　IBM 业务领导力模型

IBM 业务领导力模型包括环境（背景）、战略、执行和差距四个模块，战略、执行、差距等模块的大部分内容属于形而下的"器"，而其环境或背景部分，也就是领导力和价值观，则属于形而上的"道"。在企业的战略管理和经营实践中，战略和目标的设定应该发自管理层和员工的内心，是管理层和员工的主动追求和自我超越，这需要使命和价值观来驱动；否则，战略和目标的设定就会变成企业上下和各级部门之间讨价还价的内容，毕竟如果目标设低一点，是比较容易完成的，其表面绩效也比较好看。

综上所述，企业中的"六合"，大部分与战略、目标或计划管理有关，回答的是"大"与"小"、"上"与"下"、"整体"与"局部"、短期与长期等之间有机统一的问题。企业只有做到基于"六合"的"策应"，才能方向清晰、方法有据、行动有序，才能眼中有旗，心中有数，手中有锄，脚下有路。另外，需要提出的是，"策应"与"集成"还是有明显差异的，"策应"着重的是企业经营管理活动的统一，"集成"着重的是企业经营管理活动的连接。

5.7　扩展阅读：战略思考——企业 IT 规划框架

信息化规划是企业信息化建设工作的指导纲领和行动计划，用于指导企业各项信息化工作的开展，是企业信息化建设的"宪法"。科学合理的信息化规划可以提高企业信息化建设的经济效益，杜绝信息孤岛、重复建设、推倒重来等企业信息化建设中的先天性问题。因此，每一个企业的 CIO 或 IT 咨询顾问都应该掌握企业 IT 规划的方法，图 5.11 是笔者草拟的企业信息化规划框架图。

如图 5.11 所示，企业信息化规划主要包括 9 个步骤：

1）企业发展战略解读，理解企业的业务发展战略和规划。

2）关键成功要素提炼，从企业发展战略和规划中提炼其业务策略和关键成功要素（Key Success Factor，KSF）。

3）主要支撑要素识别，识别业务关键成功要素与 IT 支撑之间的因果逻辑关系。

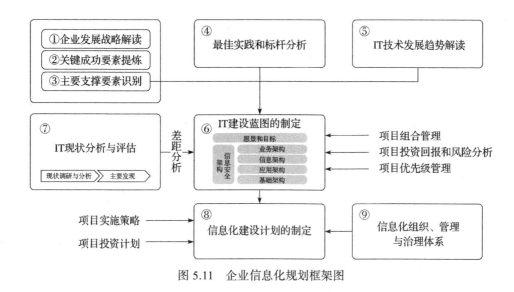

图 5.11　企业信息化规划框架图

4）最佳实践和标杆分析，借鉴标杆企业好的做法和策略。

5）IT 技术发展趋势解读，从 IT 技术发展趋势中寻找业务使能机会。

1～5 项工作内容都是企业信息化规划的输入，其中 1～3 是内部输入，4～5 是外部输入。

6）IT 建设蓝图的制定，包括企业信息化的愿景目标、业务架构、信息架构、应用架构、基础设施架构、信息安全架构等内容。

7）IT 现状分析与评估，识别企业当前信息化工作的现状和短板，以及现状与未来蓝图之间的差距，作为制定信息化建设计划的依据。

8）信息化建设计划的制定，包括项目实施策略与计划、投资计划、选型策略等。

9）信息化组织、管理与治理体系，明确信息化为谁做、谁来做、怎么做、如何评价等内容。

作为企业 IT 战略的主要组成部分，信息化规划还应包括以下几个特点：

1）系统性。企业的信息化规划必须建立在系统思维的基础上，从企业经营管理工作的整体去考虑，它的输入是企业的战略，它的输出是 IT 与业务策略的策应（Alignment），过程中通过 IT 治理和效果评估进行反馈。

2）动态性。企业的信息化规划必须定期回顾，必要时进行调整。企业的内外部环境发展实时在变，企业的发展战略要相应地调整，企业的信息化规划自然也要动态地调整。一般情况下，信息化规划每年至少要回顾一次；在快速变化的数字化时代，可能的情况下，最好每半年回顾一次，连续滚动地进行调整和完善。

3）经济性。从财务的角度看，企业的信息化建设本质上是一项投资行为，必然会产生机会成本和边际成本，也可能产生沉没成本。一方面，信息化建设要立足 IT 全生命周期的总拥有成本来计算其投资回报；另一方面，对于规划和设计不当的信息化工作，要及时止损。

4）前瞻性。信息化建设与企业业务发展有两种逻辑关系，一是"推式"（Push），业务推着 IT 走；二是"拉式"（Pull），IT 领着业务走。在快速变化的数字化环境中，新型的数字化技术有可能带来业务发展的新可能和新机遇，这就要求企业的信息化规划要有一定的前瞻性。

5）可行性。可行性可以做多方位的角度，比如信息化建设的合理性，实施中的可操作性，应用中的简便性，维护时的可持续性。总体上，简单（Simple）、容易（Easy）和快速（Fast）是对信息化建设可行性的主体要求。

如果说业务是"房屋"，那么企业的信息化建设就如同"装修"，是企业的第五项修炼，需要 IT 团队与业务团队紧密合作，通过改变心智模式和团队学习，建立共同愿景，站在系统思考的高度，不断超越自我，实现企业的可持续发展，而其中，信息化规划是贯彻始终的纽带。

流程管理模型思维

自 1776 年，英国经济学家亚当·斯密在其著作《国富论》中明确提出"社会分工"的理念后，世界经济开始逐渐进入专业化、规模化的发展阶段。1911 年，科学管理的鼻祖——弗雷德里克·温斯洛·泰勒在其著作《科学管理原理》中，从操作研究（operation research）的角度出发，提出基于标准化的作业优化，将专业化分工予以实践验证和细化。之后，艾尔弗雷德·斯隆在美国通用汽车开始试行科层制，将管理、支持等职能服务专业化和部门化，将专业化分工的理念进一步推广和深入。

凡事有其利，必有其弊。专业化分工极大提高了单个作业的生产效率，但负面效果是不同专业之间的壁垒越来越高，很容易形成专业或部门墙（silo），从而导致不同专业或部门之间的沟通成本越来越高，协作效率越来越低。更有甚者，因为专业或部门墙的存在，让各专业、各部门的人员形成了本位主义，一切以本专业或本部门的利益最大化为工作出发点，往往因为局部利益的最大化而牺牲组织整体的最优利益。

如何消除专业或部门墙，如何将不同专业、不同岗位和不同部门协同（synchronizing）起来形成一个有机的整体，是专业化分工背景下各种组织必须要解决的问题。亨利·福特发明了流水线式生产方式，解决了生产一线中不同专业之间的协作；丰田汽车等日本企业发明了看板管理，解决了不同作业之间的信息传递；业务流程管理或建立以流程为中心（process-centric）的组织，则在全组织范围内，包括市场、研发、生产、采购、财务、HR等业务单元和职能单元，为解决不同专业之间的协作问题提供了思路。有鉴于此，前汉普管理咨询的CEO张后启先生又将业务流程管理称为"管理流水线"。而在笔者看来，业务流程管理的目的就是实现组织内不同专业、不同岗位和不同部门之间的**业务集成**，进而实现组织整体的高效率和高效益。基于业务流程的价值链集成如图6.1所示。

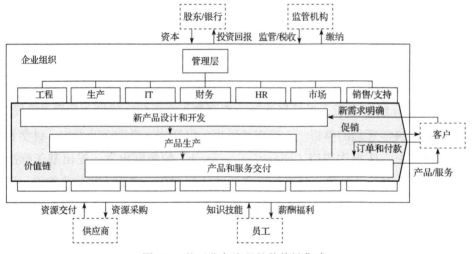

图 6.1　基于业务流程的价值链集成

在近20年中，建立以流程为中心的组织已是很多企业的共识，有的企业制定了流程管理的相关制度并成立了相应的流程管理团队。但是从实践的情况来看，很多企业的流程管理成效并不明显，甚至还因为业务流程没有得到有效的管理和治理，导致企业的运营效率和竞争力低下。在笔者看来，为了解决流程管理不善和低效的问题，可以借助如图6.2所示的BPTrends公司开发的流程金字塔模型，从企业整体、业务流程以及实施与资源三个层面分析并寻找解决办法。

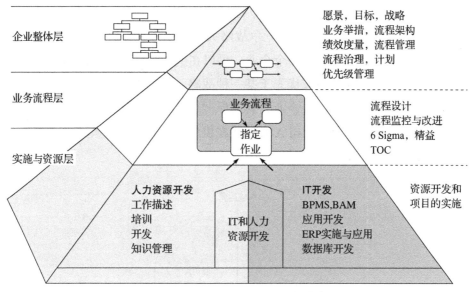

图 6.2　BPTrends 业务流程金字塔模型

6.1　企业整体层

在企业整体层面，我们要关注并解决好公司业务流程与战略的策应、流程架构的定义与开发、流程绩效的度量等。

6.1.1　业务流程与战略的策应

作为企业能力或竞争力的重要组成部分，业务流程的设计和管理必须与企业的发展战略策应。企业战略回答的是组织选择"不做什么"或"做什么"的问题，类似地，业务流程的设计和管理也需要根据战略的选择做出相应的取舍和侧重。组织中业务流程的有效管理和治理需要付出相应的管理成本。在业务流程的管理和治理上，任何一个组织也不可能面面俱到，企业选择了什么样的发展战略，就要在相应的业务流程上倾注公司的管理资源和关注力，对这些流程进行系统性设计、实施、运营监控和持续优化。

　　CSC Index 系统公司的咨询师特里西（Michael Treacy）和威尔斯马（Fred Wiersema）提出，企业的竞争战略大体可分为三类：卓越运营、领先产品和亲近客户。具体到某一个企业，可以在上述三种战略中都投入必要的资源支持，但肯定要偏向或优先于某一种战略。如图 6.3 所示，公司 A 是一个面向工业企业客户的制造企业，其选择"卓越运营"优先，并兼顾"领先产品"的发展战略，因此公司 A 必然要在供应链管理等相关领域的业务流程上给予最有力的资源支持。

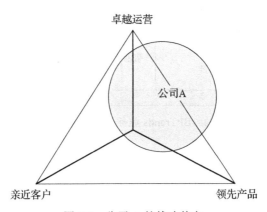

图 6.3　公司 A 的战略偏向

6.1.2　流程架构的定义与开发

　　业务流程要想得到有效的设计、管理和治理，企业就必须定义和开发清晰的、适合本企业定位的业务流程架构。业务流程架构以分层式、模块化的方式定义组织的运营模式。好的业务流程架构不仅可以指导具体业务流程的设计，也有助于实现业务流程的整体性、系统性和可配置性，从而帮助企业快速地响应环境和市场的变化。

　　为了帮助企业更好地设计其业务流程，也为了产业链上下游企业之间能够高效地协作，有些行业协会开发了相应的流程架构、框架或运营参考模型，如国际供应链协会（Supply Chain Council，SCC）开发的供应链运作参考模型（Supply Chain Operation Reference，SCOR），美国生产力与质量中心（American Productivity & Quality Center，APQC）开发的流程分类框架（Process Classification Framework，PCF）和增强的电信运营图（enhanced Telecom Operations Map，eTOM）等，企业可以根据自己的行业特点参考上述架构、框架或模型。具体来说，SCOR 模型对制造企业具有很强的参考价值。

如图 6.4 所示，SCOR 模型将供应链流程的核心子流程分为五类：计划（Plan）、寻源（Source）、生产（Make）、交付（Deliver）和退货（Return）。在每一类子流程中，根据企业运营模式的不同，大体有三种流程变式，分别对应面向库存生产（MTS）、面向订单生产（MTO）和面向订单设计（ETO）。

APQC 流程分类框架示意如图 6.5 所示。

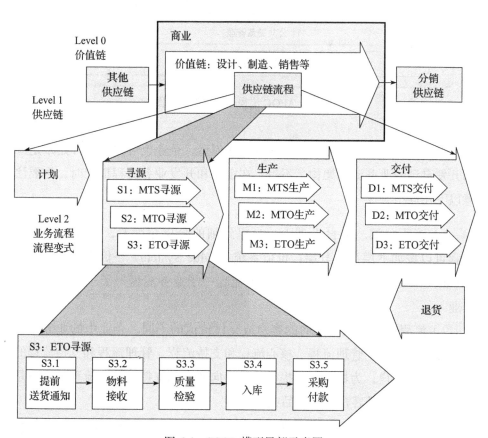

图 6.4　SCOR 模型局部示意图

图 6.5　APQC 流程分类框架示意图

除了参考上述的行业业务流程框架或模型，企业也可以从零开始来定义和开发自己的业务流程架构。不过，在定义和开发业务流程框架时，需要注意以下几点：

1）流程分层。从自上到下、自粗到细的分层角度看，企业中的业务流程可以按如下层次来分层：价值系统（Value System）→价值链或价值流（Value Chain or Value Stream）→业务流程→子业务流程→子子业务流程→作业。

2）流程分类。根据面向的客户或交付价值的不同，企业中的业务流程大体可分为三类：管理流程、核心流程和支持流程。管理流程和支持流程的客户是内部客户，为核心流程提供目标导向和资源支持；核心流程的客户是外部客户，为外部客户提供产品或服务。

3）端到端闭环。无论是哪一个层级或哪一类业务流程，在定义和开发上都必须做到端到端的闭环，即始于客户需求的提出，终于客户需求的满足。当然，这里的客户，可以是外部客户，也可以是内部客户。

6.1.3　流程绩效的度量

管理实践中有一个基本法则：没有度量就无法进行有效管理。同样，业务流程要想得到有效的管理和治理，在公司层面就必须定义各种流程的绩效度量维度、度量指标和度量方法，并定期回顾绩效度量指标的达成情况，针对绩效不理想的业务流程加以改进，乃至重新设计。

业务流程绩效的度量也有很多可供借鉴的管理体系或方法，比如战略地图、平衡计分卡、运营系统绩效钻石模型（交期／质量／成本）、SCOR 绩效记分卡等。

6.2　业务流程层

在业务流程层面，好的业务流程管理要重点关注以下几个方面：业务流程的清晰定义、利益相关者的诉求平衡、业务流程的运行监控、业务流程的持续改善等。

6.2.1　业务流程的清晰定义

在设计业务流程时必须有准确、完整的定义。根据业务流程的 SIPOC 模型，任何流程都有其供应商（Supplier）、输入（Input）、流程活动（Process and Activity）、输出（Output）和客户（Customer），只有将上述五种要素都准确和完整地识别，业务流程的定义才算基本清晰。SIPOC 模型虽然很简单，但在业务流程的管理实践中，很多企业还是会犯各种各样的错误。以业务流程的输入为例，要么是输入不符合流程作业的质量要求，要么是输入没有与上游流程的输出进行关联，要么是输入没有关联到相应的供应商，等等。

6.2.2　利益相关者的诉求平衡

多年来，"以客户为中心"已经成了很多企业的口头禅。于是，在很多企业中，所谓的客户需求，就成了销售部门的"尚方宝剑"，只要是客户需要的，企业就必须满足，哪怕是赔本赚吆喝也行。实际上，所谓的"满足客户需求"成了销售人员或销售部门单方面完成个人或本部门业绩指标的工具。笔者在实际工作中观察到，很多制造企业的年营业额才几个亿或十几个亿，产品的类型却多达上千种，其中80%以上的产品型号，其年销量占公司总销量的20%不到，而公司却要为这80%以上的低销售频次或低销量产品付出巨大的制造和管理成本。

如图6.6所示，在业务流程的设计和运行时，企业必须平衡好所有利益相关方的诉求。客户方面的诉求虽然很重要，但不应成为业务流程决策和考虑的全部，企业还应兼顾供应商、员工、股东等其他利益相关方的诉求，要让业务流程能确保公司整体的最优利益，而不是个别岗位或个别部门的局部最优。很多企业生产计划紊乱、生产均衡性差、制造成本居高不下、产品质量不稳定等问题，很大程度上是流程设计和运行时没有平衡好所有利益相关方的诉求所致。

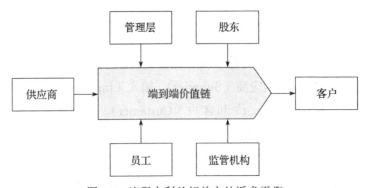

图 6.6　流程中利益相关方的诉求平衡

6.2.3　业务流程的运行监控

很多企业，要么没有明确定义业务流程的绩效度量，要么没有对业务流程的运行进行监控，所以也就不能准确地得知企业中流程的运行质量到底如何，只能笼统地说业务流程没打通，或者说数据存在孤岛，这是典型的模糊式企业运营和模糊式业务决策。

可用如图 6.7 所示的能力成熟度模型将企业的能力分为五个等级，即初始级、已管理、已定义、已度量和已优化，我国的大多数制造企业，其业务流程管理的成熟度处于已管理和已定义之间。根据能力成熟度模型，企业要从平庸走向卓越，就必须将业务流程的管理跨越已定义，进入已度量阶段，这对于那些以"卓越运营"为主要发展战略的企业更是如此。要想做到业务流程管理的已定义和已度量，企业就必须对其业务流程，至少是核心业务流程进行运行监控，用数据说话，用数据来诠释业务流程的管理水平，并为业务流程的持续优化提供数据支持。

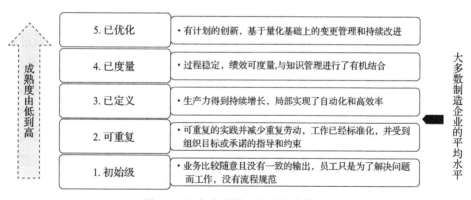

图 6.7　业务流程管理的成熟度等级

6.2.4　业务流程的持续改善

如图 6.8 所示，企业运营管理的核心理念之一是持续改善，企业的业务流程管理也需要持续改善，运营管理领域的主要管理体系或方法，如精益、TOC 和 6 Sigma，都可用于指导业务流程的持续改善。

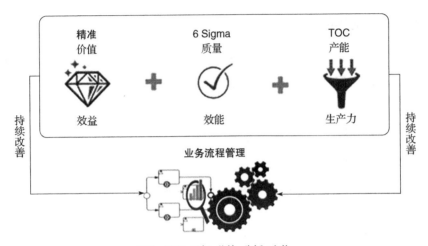

设计+模拟+运行+监控+分析+改善

图 6.8 业务流程管理与持续改善

（1）精益

精益的核心内涵之一是消除浪费。流程管理大师吉尔里·A·拉姆勒和艾伦·P·布拉奇在他们的合著《流程圣经：管理组织空白地带》中明确提出，企业绩效改善的重点在部门间连接处或职责模糊地带，其方法是通过业务流程管理来消除这些地带的各种浪费。精益思想定义了七种浪费：等待、搬运、不良品、动作、加工、库存和过量生产。其实，这些浪费大都以某种形式存在于业务流程的运行中。以精益的思想作指导，消除业务流程中的各种浪费，是业务流程持续改善的方向之一，其具体的做法是流程设计的端到端。另外，上游流程的客户必须是下游流程的供应商，上游流程的输出必须关联到下游流程的输入。

（2）TOC

如果精益给企业带来的价值是降本，那么 TOC 能够带给企业的价值就主要是增效。在 TOC 理论指导下，识别业务流程中的瓶颈环节，不断提升瓶颈流程的生产力或吞吐量（Throughout），就可以提升瓶颈流程所在价值链的生产力或吞吐量，从而为企业增加经济效益。比如，有的企业就借助 TOC

理论来优化物流配送和库存管理，从而在提升产能的同时，还能提高库存的周转率。在业务流程管理的实践中，要想应用好 TOC 理论，就必须对业务流程的运行进行实时监控和量化评价。

（3）6 Sigma

6 Sigma 原本是一个统计学术语，应用在质量管理领域，用于评价过程（Procedure）质量的一致性，后来逐渐完善成为一种过程和质量管理的管理体系。业务流程也是一种过程，只不过是更大范围的过程或过程的集合。因此，6 Sigma 管理体系也可用于业务流程管理领域，用于指导业务流程质量一致性的持续改善，如供应链管理流程中订单交货周期的一致性管理。

6.3　实施与资源

根据企业业务能力的 PPT 模型（Process, People, Technology and Tool），业务流程是业务能力的表现形式、物质或信息载体，人员、技术和工具是流程运行所需的资源，是流程运行的赋能器（Enabler）。如果没有相应的人力资源和信息技术支撑，哪怕设计得再完美，业务流程也很难发挥出其预想的效益。如图 6.9 所示，在实施与资源层面，业务流程管理主要考量两类因素：人力资源和 IT 技术。

6.3.1　人力资源的开发

与生产工艺对一线操作人员的要求类似，业务流程的高效运行要求操作者也应具备相应的知识和技能。因此，业务流程开发和设计好后，企业要根据业务流程的要求来开发相应岗位的工作描述，并根据岗位的胜任力要求来开发培训计划，培训相关员工。

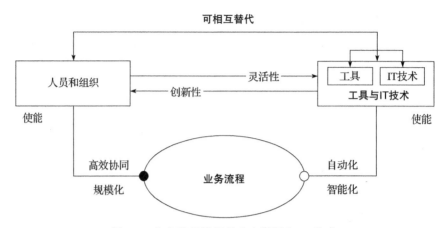

图 6.9　业务流程管理的人力资源和 IT 技术

换个角度看，业务流程的要求也是企业中组织架构和岗位设计的主要输入。业务流程的要求（输入或作业）定义清楚了，流程中相关角色的工作职责和岗位要求才能明确。那些不是基于业务流程所设计出来的组织架构和工作岗位，就像是无源之水，无本之木。在很多企业中，之所以组织机构臃肿、运营效率低下，很大程度是因为这些企业的组织架构和岗位没有基于业务流程的要求来做，而是因人设岗，因人废事。

6.3.2　IT 系统的实施和应用

同样作为业务流程的赋能器，IT 系统的实施和应用可以部分实现业务流程的自动化，乃至部分的智能化，从而提高业务流程运行的效率和效益；另外，也可以替代部分的人工操作，减少人为因素所导致的业务流程运行和绩效的波动。

如前文所述，按客户或交付的价值来看，企业的业务流程可以分为管理流程、核心流程和支持流程。一般来说，核心流程的自动化或智能化，可以借助 ERP、CRM、SRM 等 IT 系统的实施和应用来实现；管理流程的自动化或智能化，可以借助 BI、企业绩效管理 EPM、预算管理等 IT 系统的实施和应用来实现；支持流程的自动化或智能化，可以借助 OA、

BPM、HCM 等 IT 系统的实施和应用来实现。具体的实现形式有工作流（Workflow）、关系型数据库、单据流（Document Flow）、自动记账、企业服务总线等。

　　在业务流程管理的实践中，业务流程的资源要求与 IT 系统的实施应用应进行合理的匹配。我们既不要忽视 IT 系统对业务流程的支撑作用，也不能夸大 IT 系统对业务流程的支撑作用，更不能误用 IT 系统对业务流程的支撑作用。如图 6.10 所示，以 ERP 系统实施和应用为例，ERP 系统主要解决的是企业中跨部门之间，比如销售、技术、生产、采购、物流、财务等部门之间业务流程的高度集成和业务数据的高度共享。对于那些岗位级的操作指导或数据共享，ERP 系统可能没有 MES、看板、5S 等管理系统或工具直观和简单，如果以 ERP 系统来做一线业务的作业指导，那可能就是对 ERP 系统的一种误用。

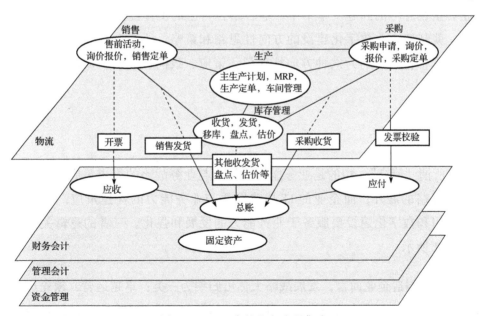

图 6.10　ERP 中的业务流程集成

　　综上所述，业务流程管理可以帮助企业打破专业或部门墙，让企业的各个单元高度集成为一个整体来为价值链和客户服务。但是，高效的业务流程运行需要我们具备业务流程管理的模型思维，要求我们从企业整体、业务流程以及实施与资源三个层面进行业务流程的架构、开发、设计、实施、运行和持续改善。

6.4　扩展阅读：制造企业数字化建设的几个方向

经过近十年的信息化建设，很多制造企业已经开发和实施了比较完备的IT系统。只不过这些系统的应用还不到火候，或者说IT与业务还没有形成"水乳交融"的理想状态，又或是公司领导和业务部门对信息化建设还有各种疑问。从信息化走向数字化，再迈向智能化，不是说什么都要推倒重来，而应该是继承式创新。那么，如何继承，如何创新，是很多IT从业者正在思考的问题。本书中，笔者结合自己的工作经验和对数字化的理解，就制造企业数字化建设的方向性思路和策略，谈谈自己的看法。大体上，笔者将其归纳为六种方向性建议：策应、致同、集成、贯通、深化和赋能。

6.4.1　策应

所谓"策应"，指的是业务能力的构建与业务战略的需求策应，以支撑业务战略的展开；而企业的IT战略则要与业务能力的构建策应，IT技术的应用和数字化建设要服务于业务能力的发展和强化。三者的逻辑关系如图 6.11 所示。

对于制造企业而言，发展战略大体可归纳为三类：卓越运营、领先产品和亲近客户。企业的发展战略一旦明确，信息化建设的方向和目的就是帮助企业强化相关业务能力，以满足公司战略对业务能力的要求。

信息化建设的"策应"，是一个动态而又循环往复的过程。每一年的年末，企业的 IT 团队应该对公司的信息化建设进行总结和复盘，检查公司战略、业务能力与 IT 战略之间是否策应，当有差异时，制定对应措施并将其纳入下一年的信息化工作计划中。

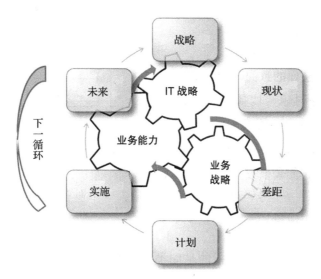

图 6.11　IT 战略与业务战略和业务能力的策应

信息化建设的"策应"，是信息化建设的最高指导方针。对于企业的信息化建设来说，业务战略、业务能力和 IT 战略三者之间，业务战略是指挥棒，是目的；业务能力是承载体，是过程；IT 战略和 IT 技术是工作手段，是支撑。手段服务于过程，过程服务于目的。目的不明，则过程不清；过程不清，则手段无效。

6.4.2　致同

"致同"指的是信息化建设过程中，要尽可能地避免低价值或不必要的系统或技术的多样性。信息化中的多样性，不仅容易衍生数据孤岛，增加系统和数据集成的难度，而且也会增加 IT 系统的管理和维护难度，导致信息化运营和维护成本的增加。

在企业架构中，"致同"包括四个层面：业务架构、数据架构、应用架构和技术架构。其框架示意如图 6.12 所示。

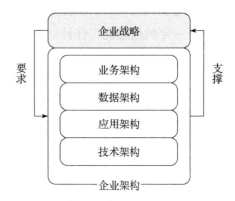

图 6.12　信息化建设中的"致同"层级

业务架构层面的致同，主要指的是业务流程的标准化。

数据架构层面的致同，指的是对于核心的业务对象，比如员工、客户、供应商、物料、资产等的编码、描述、定义等信息，必须保证全公司层面的唯一性，务必杜绝一个业务对象有多个号码，一个号码对应多个业务对象，一个业务对象的数据分布在多处而没有整合等现象。

应用架构层面的致同，指的是同类业务尽量采用同构的 IT 系统，尽量保证公司内同类 IT 系统的唯一性和系统配置的模板化。

技术架构层面的致同，指的是企业中操作系统、数据库、中间件或接口技术、开发平台、编程语言等的同一性，以减少企业 IT 技术栈中同类技术的多样性。对于必须个性化定制开发的 IT 系统，建议选定一个业内主流的、开源的、少代码的开发平台，并在此基础上来实现。

如图 6.13 所示，信息化建设中的"致同"是一个持续性的工作，IT团队应该通过定期性的信息技术优化来确保整个 IT 架构的同一性、稳定性、集成性、扩展性和先进性。企业架构中的"致同"不是指一成不变，而是指企业架构的相对一致和稳定，而对于那些已经过时的、与公司发展战略不匹配的流程、系统或技术，应该通过定期的变革和优化，将其革故鼎新，以确保企业架构在保持相对稳定的同时，始终保证其先进性。

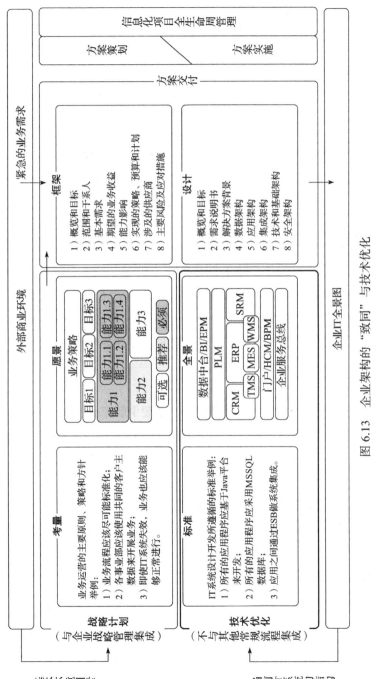

图 6.13　企业架构的"致同"与技术优化

6.4.3　集成

制造企业的卓越运营首先来自业务集成，即通过业务集成将公司内部的各业务与职能单元整合在一起，将公司与上下游合作伙伴连接在一起，让大家以一体化、"一个流"的形式为客户服务，以实现整个产业链在产品、速度、质量、成本等方面的高绩效。

在数字化建设中，制造企业可以以工业 4.0 或智能制造体系中的"三项集成"为指导，推进公司各项业务的高效集成。"三项集成"分别指的是纵向集成、横向集成和端到端集成，其框架示意如图 6.14 所示。

（1）端到端集成

端到端集成，指的是产品信息在市场、销售、技术、采购、生产、物流等业务部门之间的有序流转和高度共享。产品信息是制造企业最宝贵的信息资源，必须得到有效的管理和使用。一般来说，产品信息包括产品定义、产品的物料清单 /BOM、工艺流程、维修说明、零件规格说明等。

端到端集成的框架示意如图 6.15 所示。

在制造企业中，端到端集成的管理要求主要由新产品导入（New Product Introduction, NPI）流程来支撑，可以由 PLM、BOM、ERP 等 IT 系统及其集成来实现。

（2）纵向集成

纵向集成，指的是企业内经营决策指令自上而下的传递，以及过程和执行结果信息自下而上的反馈。在企业中，经营决策信息主要有经营目标和计划，比如营业目标、财务预算、销售与运作计划、主生产计划、物料需求计划、车间生产排程等；而过程和执行结果则包括订单执行状态、订单完工量、在制品库存、设备状态、生产过程监控信息等。

从时间跨度来看，不同层级的经营决策信息自上而下，时间跨度越来越长，有时可能长达三年，而车间生产排程信息则短到一天或一个班次。不管是从时间跨度来看，还是从信息所处的组织层次来看，计划信息必须滚动

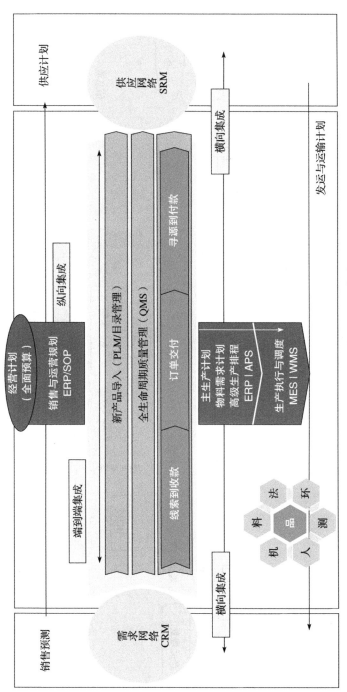

图 6.14　工业 4.0 中的 "三项集成"

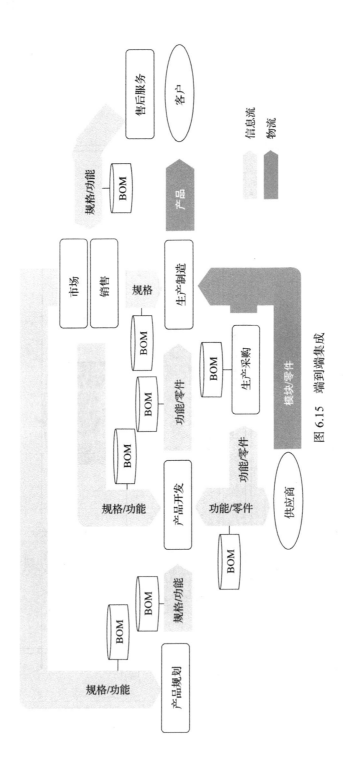

图 6.15　端到端集成

的，执行和反馈信息必须是实时的，计划与执行必须形成信息的 PDCA（即
Plan（计划）、Do（执行）、Check（检查）和 Act（处理））回路。

在制造企业中，纵向集成的实现主要通过立体的经营计划和执行管理体
系来承接，与之有关的流程主要是订单交付（Order To Delivery，OTD）和全
面预算管理，涉及的 IT 系统则包括企业绩效管理（EPM/BI）系统、预算管
理系统、ERP、MES、APS、LES/WMS 等。

纵向集成的框架示意如图 6.16 所示。

（3）横向集成

横向集成主要指企业与上游供应商和下游分销商等合作伙伴之间基于流
程和数据的高效系统。在制造企业与上下游合作伙伴之间，最关键的信息
是需求和供应信息。需求信息包括销售预测、销售订单；供应信息则包括库
存、在制品、在途品、生产订单、采购订单等。

产业链的需求和供应信息要保持高度的透明和逐渐传递，这样才可
能实现整个产业链中供需的动态平衡；否则，很可能出现供应链"牛鞭
效应"，其结果是要么造成严重的库存积压，要么造成严重的商品 / 货物
短缺。

供应链的"牛鞭效应"如图 6.17 所示。

要尽可能杜绝供应链的"牛鞭效应"，就要借助横向集成来完成，其逻
辑就是通过上下游之间供需信息的滚动更新、相互关联和高度透明，以实现
供需的动态平衡。企业和产业链中的横向集成依赖线索到收款（L2C）、订单
交付（OTD）和寻源到付款（S2P）三个核心业务流程，L2C 业务管理解决的
是企业与下游合作伙伴的集成和协同，S2P 业务管理解决的是企业与上游合
作伙伴的集成和协同，OTD 解决的是企业内部各单元之间的集成和协同；同
时，L2C、OTD 和 S2P 三者又要相互集成和协同。

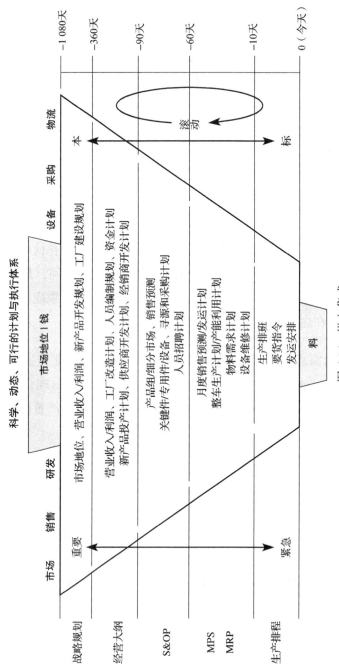

图 6.16 纵向集成

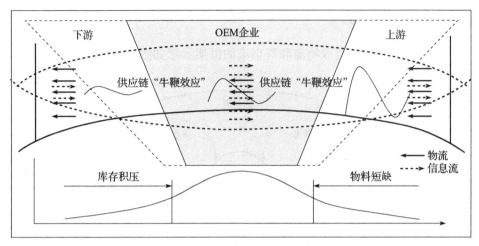

图 6.17   供应链的"牛鞭效应"

横向集成不仅有利于企业提高客户服务水平,还有利于提升整个产业链的运营效率和竞争力。

6.4.4   贯通

如果说"集成"是从数字化建设的形式和内容上来讲,那么"贯通"则是从数字化建设的效果来讲,即贯通企业的上下、左右和内外。实际上,端到端集成的效果是贯通企业的左右,纵向集成的效果是贯通企业的上下,横向集成的效果是贯通企业的内外。

"贯通"的直接效果是企业内信息流的贯穿,并以信息流来驱取企业中的物流和资金流,做到以虚驭实,先在"虚"的层面,即信息流的层面统筹和规划,然后再达成物流和资金流的优化。俗话讲"凡事预则立,不预则废","预"就是指筹和规划。物理世界的物流和资金流是断续或隔离的,只有虚拟世界中的信息流才可以无边界地自由流动,才可能实现全局的统筹和规划。反过来说,如果企业中的经营活动,是先有物流或资金流,再有信息流,那这类经营活动肯定不是全局最优的,肯定是以局部收益牺牲了公司的整体收益。总之,"贯通"的主旨是先实现信息流的贯通,然后再以信息流驱动物流和资金流。

企业中以信息流驱动物流和资金流的框架示意如图 6.18 所示。

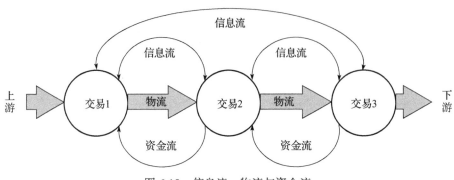

图 6.18 信息流、物流与资金流

另一方面，我们还可以以精益的思想来看企业中的信息流。精益思想的核心是消除浪费。如图 6.19 所示，在企业实践中，不仅有物料的浪费，还有数据的浪费，而且后一种浪费可能更难察觉，更难管理。从精益的角度谈"贯通"，就是要消除企业中的数据孤岛，消除业务中的数据冗余，消除数据的重复录入，并充分挖掘数据中的价值。

挖掘数据中的价值，实质上是 DIKW 模型在数字化建设中的应用。DIKW，指的是从数据到信息，从信息到知识，从知识到洞察与智慧的数据应用生命周期。DIKW 其实也可以用于指导企业的数字化建设，因为从数据到信息，从信息到知识，从知识到洞察，越往后、往深推进，数字化建设给企业带来的价值就越大。

如图 6.20 所示，数据的生命周期是企业行为的表征，企业从业务执行中获取数据，然后再转化为信息、知识、洞察和决策，进而指导企业经营目标的设定和达成计划的制定，并全程作为组织沟通和协调的主要形式。数据全生命周期的实现和应用水平，在一定程度上揭示了企业信息化建设水平或成效的高低。

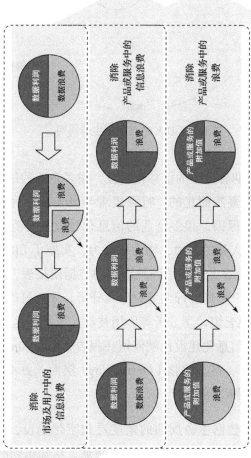

图 6.19　企业经营活动中的数据浪费

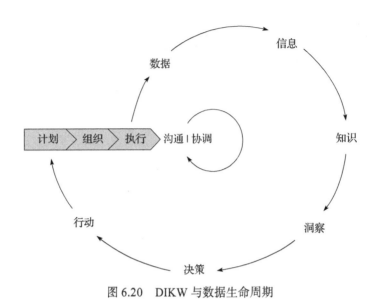

图 6.20　DIKW 与数据生命周期

从数据的生命周期看企业的信息化建设，很多企业的信息化建设要么是支离破碎的，要么是戛然而止的。行百里者半九十，因为技术支撑、工作方法或思路等方面的原因，很多企业的信息化建设推进到描述性分析就止步不前了，虽然花了大量的人力、物力、财力，实施了 ERP、CRM、PLM、MES 等 IT 系统，也给业务呈现了各种形式的数据或报表，但这些数据也只是表面的，还需要用户自身进行大量的深入分析，才有可能知其所以然，而往往大多数 IT 用户缺乏统计学分析等应用技能。于是，这些 IT 系统的效用就大打折扣，企业的信息化建设也就停留在报告（Reporting）层面，不能深入至分析（Analyzing），甚至优化（Optimizing）层面，更不用说发挥信息化的"免疫系统""指挥棒"等作用。

从 DIKW 模型和数据生命周期的角度看数字化建设，所谓的"贯通"，也指从数据到信息的贯通，从信息到知识的贯通，从知识到洞察的贯通。

6.4.5　深化

智能制造是制造企业的数字化愿景。遵循智能制造的成熟度模型并将其作为指导，也可以看出制造企业数字化建设和深化的方向，即从业务运营的可视化到业务运营的透明化，从业务运营的透明化到业务能力的可配置，从业务能力的可配置到业务运营的自适应。换个角度来说，可视化和透明化是信息化阶段，可配置和可预测是数字化阶段，自适应则是智能化阶段。

制造企业智能制造的框架示意如图 6.21 所示。

可视化是制造场景中各业务活动的实时监测和数字化展现。可视化回答的是经营管理活动中的"What""How many/much""Who""When"和"Where"。

透明化则是在可视化的基础上对业务活动的"知其然"，以及"知其所以然"。透明化回答的是经营管理活动中的"Why"。

可配置指的是企业的业务能力可以根据市场的变化和战略的调整而灵活地调整，它也代表企业的动态调整能力。

可预测则是根据对当前业务活动的实时监测来推断未来的发展趋势，帮助企业做到防患于未然。

自适应是 IT 系统可以根据企业期望达成的目标或环境的变化，对业务活动和生产要素进行自动地调整和适配。

可视化→透明化→可配置→可预测→自适应，构成了制造企业数字化建设的深化路径，也为制造企业的数字化建设和智能制造之路指明了方向。

6.4.6　赋能

企业的数字化建设虽然不能给企业带来直接的经济效益，但是可以给企业的各业务单元赋能，提升生产力，包括业务的洞察力、决策力和执行力，让各业务单元以更精准的方向、更快的速度、更全面的产品、更可靠的质量为客户服务，我们可以将其简称为数字化给业务的赋能。

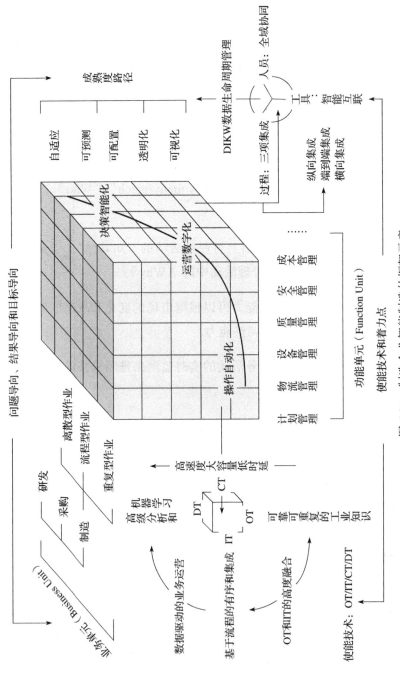

图 6.21　制造企业智能制造的框架示意

数字化提升业务生产力的示意图如图 6.22 所示。

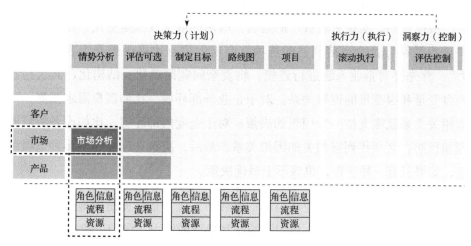

图 6.22　数字化为业务生产力赋能

何为"洞察力"？企业感知和明察内外部环境变化的能力。"温水煮青蛙"里的青蛙之所以会被煮死，就是因为它首先丧失了应有的"洞察力"。企业内外部的环境是复杂多变的，尤其在供过于求、全球化和互联网时代，变化的幅度和频率远超以往。洛伦兹的"蝴蝶效应"说亚马逊雨林一只蝴蝶的翅膀偶尔振动，将会引起两周后美国得克萨斯州的龙卷风，就是对复杂环境变化的一种诠释。消费群体的多样性，客户需求的碎片化，耐用品的快速消费化等，是企业外部环境的变化。设备状态的波动，零部件质量的不一致，工人操作水平的偏差等，是企业内部环境的变化。这些企业内外部环境中的任何一个因素发生变化，都将影响企业的运营绩效。人体的每一个细胞都是一个传感器，感知着人体内外部环境的变化，从而确保生命机体的健康，企业也应该如此。可以说，"洞察力"是企业"生产力"的基础。从现象到数据是"感知"，从数据到信息是"明察"，"感知"和"明察"构成了企业"洞察力"的两个方面。

何为"决策力"？企业在洞察内外部环境变化后，为适应变化所做出的最佳选择。最佳选择背后的驱动因素无非是企业绩效的加减乘除法。加法就是提质增效；减法就是减少成本，减少次品，降低消耗；乘法是如何在供应链中与合作伙伴进行更有效的协同；除法是如何在供应链上进行分工，注重自己最擅长的，实现更轻资产的运营。所谓的最优其实是更优，在多种选择中寻找最符合企业当前利益的选项。要借助信息化手段提升企业的"决策力"，首先要对企业系统进行建模，将复杂问题简单化、结构化。其次是找到自变量和因变量的逻辑关系。对于企业外部环境，比如客户需求预测，可能相关关系就能支持一个理想的决策；对于企业内部环境，比如设备故障原因和预防，必须找到强相关的因果关系。最后，决策选项必须是多种选项可选，如果只有一种选择，也谈不上最优决策。

何为"执行力"？企业在目标的引领下，无差错、无延误地达成目标的能力，具体来说就是计划、组织、控制和协调的能力。借助工业4.0的思想，理解企业的"执行力"就是基于数据和流程的纵向集成、端到端集成和横向集成，评价"执行力"的关键绩效指标，一个是"准"，一个是"快"，一个"省"。"准""快""省"是目标，集成是方向和路径，数据和流程是载体。通过数据和流程对企业进行建模和仿真，驱动企业各部门的活动实现"一个流"的运作。"集成"是确保企业从计划到执行，从市场到研发、销售、采购、生产、交付和服务，从企业的内部到外部，实现目标一致和步调一致，所有人围绕"整体最优"的唯一目标开展各自的活动。大家都知道整体最优优于局部最优，中长期最优优于短期最优，而能否实现靠的就是企业的"执行力"。

对企业的营销、生产、采购、技术等业务单元而言，数字化可以为业务生产力赋能；对企业的财务、人力等职能部门而言，数字化同样可以为其赋能，帮助完成职能支持服务的转型，实现如图6.23所示的职能支持三支柱体系，即共享服务（Shared Service）、业务合作（Business Partner）和战略支持（Strategic Support或

图6.23　职能支持部门的三支柱

COE）。

职能支持部门三支柱架构是财务、人力等职能支持部门数字化转型的主流。在三支柱架构中，共享服务指的是职能支持服务的标准化、流程化和共享化。业务合作指的是职能部门参与业务单元的经营活动，为业务单元提供专业职能方面的建议和决策支持。战略支持指的是相关职能领域标准的制定，以确保职能支持能够与企业的发展战略策应。

在职能支持部门的三支柱架构中，共享服务是基础，没有有效的共享服务，很难谈得上业务合作和战略支持，而共享服务则必须建立在充分数字化的基础上。从这个角度来看，数字化建设对职能支持部门的意义就在于帮助他们完成数字化转型，为职能支持三支柱架构的高效运行赋能。

综上所述，策应、致同、集成、贯通、深化和赋能六种数字化建设方向，相互之间既有相关性，也有各自的侧重点。每一个制造企业可以根据自己的实际情况，从中选择一种或几种方向作为参考，以指导本企业数字化建设工作向更深、更高、更好的目标推进。

生命周期模型思维

在《基业长青》一书中，詹姆斯·柯林斯把企业长青的秘诀归结为文化、制度、团队等非物质因素。在笔者看来，企业真的要想追求基业长青，还需要将文化、制度、团队等非物质因素落实到企业的能力、产品、客户、运营等经营要素和经营实践中去。具体到企业的数字化建设领域，就是要在生命周期模型思维的指导下来开展工作，即从价值、方法、对象、模型、周期、实施等角度去理解和应用生命周期理论，并进行数字化建设，从而帮助企业实现可持续的业务能力、产品或服务、经营模式等，具体参考图 7.1。

7.1 价值

生命周期理论开始流行于 20 世纪 90 年代末，现已成为企业管理领域主流的管理理论之一。生命周期理论从长期、整体的角度来看待企业的经营管理活动，通过利益相关方的和谐统一，以及生产要素或资源的低消耗、可复

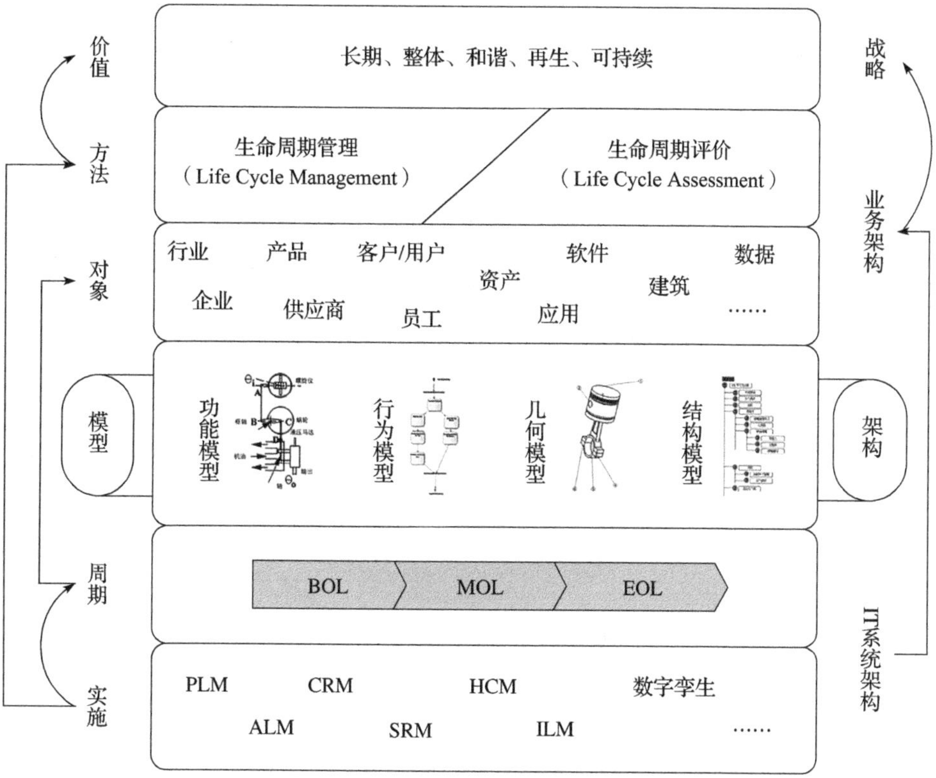

图 7.1　生命周期模型思维的框架

用、可升级、可重置、可再生，实现企业的可持续发展，从而让企业能够基业长青。如图 7.2 所示，以产品生命周期管理中的成本视角为例，产品成本的估算不仅包括设计成本和制造成本，还包括使用、维修、升级、报废、再循环利用等环节的成本。这样看来，如果要降本增效，就要从产品的总拥有成本（Total Cost of Ownership，TCO）入手，而不只是考虑制造商的诉求，还要考虑消费者和全社会的诉求。因此，从生命周期的角度来看企业的可持续发展，应该从整个生命周期，从经济、社会、环境等角度，寻求所有利益相关者的利益最大化，这也正是生命周期管理理论带给企业和社会的价值所在和可贵之处。

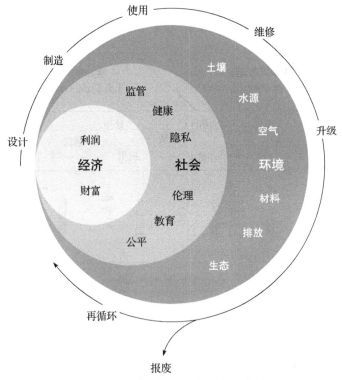

图 7.2　生命周期理论与可持续发展

7.2　方法

基于全生命周期可持续发展的核心理念如图 7.3 所示，可大体归纳为生命周期中的"6R"原则，即反思（Rethink）、拒绝（Refuse）、精简（Reduce）、复用（Reuse）、重置（Repurpose）和再生（Recycle）。

反思，指的是产品、资产等业务实体或业务对象，在生命周期的策划或概

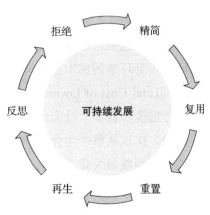

图 7.3　可持续发展的"6R"原则

念阶段就要重新思考它们所能带给企业、客户、社会等的收益或价值主张，以防止没有或有较少经济、社会意义的事物出现，从而在源头杜绝不可持续的发生。

拒绝，指的是在全生命周期中，拒绝使用不环保的原材料，拒绝使用一次性包装，拒绝对客户或消费者进行不道德的诱导，拒绝经营管理活动中的行贿、受贿，拒绝采用不符合法规的供应商，拒绝产品或服务中的过度宣传，等等，从而把不可持续或不符合三观的因素扼杀在萌芽状态。

精简，或者说减少、消除、简化，指的是减少使用有害、不可再生的原材料或能源，减少破坏性的产品结构设计，减少不可逆的作业流程，消除生产、物流、分销等环节的各种浪费，减少冗余的产品性能，简化产品的结构设计，简化企业或产品与用户的交互界面，等等。

复用，指的是提高产品设计中通用件的比例和零部件的复用率，加工环节使用通用工艺或通用设备，物流配送环节使用可周转的工位器具，采用可重复利用的包装材料，提高客户的重复购买或消费次数，与供应商建立长期、可靠的合作关系，将特殊技能和实践进行知识管理和可复用的 Know-How，等等。

重置，又称升级再造（Upcycle），指的是将产品拆解后的零部件重新组装成其他产品，将部分的业务实体或业务对象进行升级并重定义它的用途，为现有客户提供其他类型的产品或服务，与供应商建立多（新）品类的合作关系，等等。

再生，指的是产品或服务的可逆和再循环。比如，将产品拆解为零部件，将零部件回炉溶解为原材料以重新使用；又比如，在人力资源管理领域，为员工安排在岗培训、换岗或轮岗，让员工胜任新的岗位；又比如，与供应商发展双向业务往来，将供应商发展为客户等。

可持续发展的"6R"原则，需要有相应的管理体系做配套，这主要包括生命周期管理（Life Cycle Management，LCM）和生命周期评价（Life Cycle Assessment，LCA）。

7.2.1　生命周期管理

中国有句俗话说得好："做一件好事不难，难的是一辈子做好事"。这句话也可以换个意思来说："一天不犯错不难，难的是一辈子不犯错"。作为一种管理理念，生命周期管理并不是什么高深的理论，无非是把经营管理活动的时间和范围视角放大到整个生命周期来看，让企业在事物或对象的"一辈子"都要落实可持续发展的目标，这就像太极拳里常说的一句话："立定脚跟撑起脊，展开眼界放平心"。

如图 7.4 所示，与成本、质量等管理体系一样，生命周期管理也应融入企业经营管理活动的各层级和全过程，要把它明确为全员的责任，尤其要把

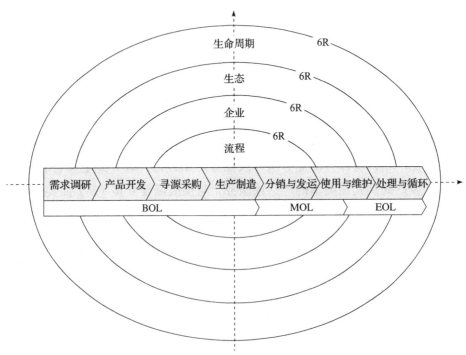

图 7.4　生命周期管理与企业生态

可持续发展的"6R"原则贯穿到企业的价值创造和支持服务中去。在管理工具上，生命周期管理并没有太多创新，只是把常规管理工具的应用范围扩展到整个企业、整个生态和整个生命周期。

当然，站在生命周期管理的角度，某些传统的管理理念需要做适当的调整和完善。比如，传统的合规、环境、健康、安全等管理体系，只是要求企业不做"坏事"；而基于生命周期管理的可持续发展，则不仅要求不能做"坏事"，还要努力让自己活得更好、更长。又比如，在产品设计领域，生命周期管理理论要求企业实行"后向设计"，即面向制造的设计、面向测试的设计、面向质量的设计、面向装配的设计、面向拆卸的设计、面向复用的设计、面向重置的设计、面向环保的设计、面向再生的设计，等等。

7.2.2　生命周期评价

在管理实践中，生命周期管理是一个复杂、系统而又漫长的过程。因此，生命周期管理体系在企业的落地，需要解决管理驱动力的问题，即如何调动企业和全体员工的主观能动性去落实生命周期管理体系的相关要求，把可持续发展的"6R"原则贯穿到全生命周期。另外，生命周期管理的体系要求落实得如何，是做得一般呢，还是做得较好，以及如何发现改进空间，也需要一套评价体系来衡量。生命周期评价，解决的就是生命周期管理体系在企业中的驱动力和效果评价的问题，而 ISO 14040/14044：2006 则为生命周期评价活动提供了体系支撑。

生命周期评价活动可以从多个维度来展开，可以从可持续发展的"6R"原则的维度，也可以从成本、效率等经营管理效果的维度来展开。比如，如图 7.5 所示的生命周期成本核算（Life Cycle Costing，LCC），就是从产品的全生命周期来核算产品的成本和收益，以观察生命周期管理活动带给企业的经济效益。

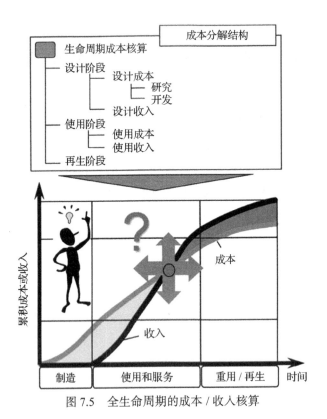

图 7.5　全生命周期的成本 / 收入核算

7.3　对象

任何一个管理理论都有其特定的管理对象和适用领域。比如，流程管理之于业务流程，全面质量管理之于质量保证，精益生产之于生产和物流供应链，等等。生命周期管理理论的主要管理对象为企业及相关生态中的业务实体或业务对象，比如产业、企业、产品、客户、供应商等。与之相对应，有所谓的产业生命周期管理、企业生命周期管理、产品生命周期管理、用（客）户生命周期管理、供应商生命周期管理、员工职业生涯周期管理、资产生命周期管理、设备生命周期管理、软件生命周期管理、项目生命周期管理、知识生命周期管理、应用生命周期管理、信息生命周期管理，等等。本文中，笔者选取几个典型的业务实体或业务对象，谈谈它们在生命周期管理方面的特点，让读者对生命周期管理的特点有初步的了解，有兴趣的读者可自行阅读其他业务实体或业务对象的生命周期管理体系。

7.3.1　产业生命周期

产业生命周期理论是在产品生命周期理论的基础上发展而来，后者则是由 Vernon 于 1966 年提出。产业生命周期是每个产业都要经历的一个由出现到形成，再到成长，再到衰退的演变过程，是指从产业出现到完全退出社会经济活动所经历的时间。如图 7.6 所示，产业生命周期一般分为形成期、成长期、成熟期和衰退期四个阶段，也有人把它分为开发期、形成期、成长期、成熟期和衰退期五个阶段。

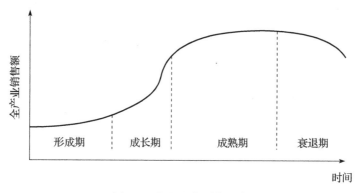

图 7.6　产业生命周期示意

产业生命周期理论有助于我们以中观的角度去理解产业环境，也可用于指导产业中的企业或者即将加入的企业制订其竞争策略。比如，在产业的成长期，企业竞争策略的主题应该将提升本企业市场占有率为主要目标，以尽快形成产业领先优势；而在成熟期，产业竞争已经非常激烈，除了市场占有率外，企业还应该寻求提高本企业的销售毛利率。

7.3.2　企业生命周期

企业生命周期描述的是企业从创业到成长，再到成熟的动态发展轨迹。

如图 7.7 所示，一般来说，企业生命周期包括初创、成长、成熟、衰退或重生（二次创业和成长）等几个阶段。企业生命周期理论的研究目的就在于试图为处于不同生命周期阶段的企业找到能够与其特点相适应、不断促其发展延续的特定战略、组织结构和运营模式，使得企业可以从内部管理方面找到一个相对较优的模式来保持企业的发展能力，在每个生命周期阶段内充分发挥其特色优势，进而延长企业的生命周期，帮助企业实现自身的可持续发展。

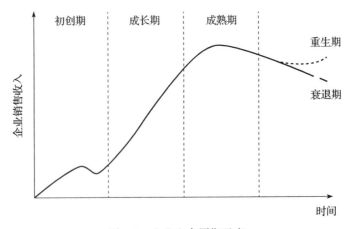

图 7.7   企业生命周期示意

对企业生命周期的研究，是企业制定发展战略的主要依据之一。举例来说，对于处于初创期的企业，寻求种子资金、新产品或服务的开发、上市、推广等工作，是企业的重点工作。在初创阶段，可持续发展"6R"原则中的"反思""拒绝""复用"等原则就非常有指导意义，这其实也是精益创业（Lean Startup）的核心内涵所在。

7.3.3   产品生命周期

产品生命周期及产品生命周期管理应该是大家耳熟能详的说法。产品就像企业的"孩子"，因此也有人把产品生命周期管理形容为"从摇篮到坟墓"的全周期管理。如图 7.8 所示，针对产品生命周期的阶段划分，有四分法（导入期、成长期、成熟期、衰退期）、五分法（开发期、导入期、成长期、成熟期、衰退期）、六分法（开发期、导入期、成长期、成熟期、饱和期、衰退期）、七分法（产品战略、产品市场、产品需求、产品规划、产品开发、产品上市、产品退市）等。之所以有上述不同阶段的划分，主要是六分法、七分法更加细化地描述了市场调研和产业策划等前期性工作。

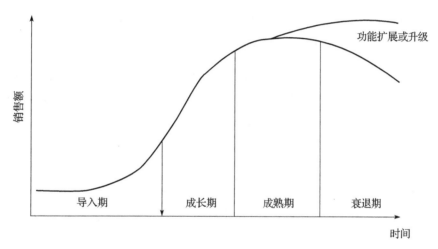

图 7.8　产品生命周期示意

与企业生命周期类似，企业可以通过二次创业实现重生，产品也可以通过功能扩展或升级来实现寿命的延长，而且这也是畅销产品续命的常用策略。在数字化时代，随着智能互联产品（Smart Connected Product，SCP）形态的出现，软件在产品结构和功能中的地位越来越重要，而软件可以通过远程、快速、低成本的方式实现自身的更新和重生。另外，可持续发展的"6R"原则，可以在产品的生命周期管理中得到广泛的应用，比如，通过"反思"来回归或重新定义产品的价值主张，通过"精简"来实现产品的易用性（典型例子如苹果手机），通过"复用"来实现产品的架构化、模块化开发，通过基于软件升级的"重置"来重新定义产品的功能，通过"再生"来实现产品零部件的循环和再利用。可以说，可持续发展和生命周期管理的理念在产品开发、生产、使用等领域大有可为。

7.3.4　用（客）户生命周期

消费互联网的发展催生了粉丝经济。身处中国庞大的消费市场以及人口红利的加持，各大互联网平台和面向终端消费市场的企业都把对用（客）户的经营放在公司经营管理的首要位置，用（客）户生命周期管理理论将为之提供系统性指导，并诞生了面向用（客）户生命周期管理所特有的解决方案：用（客）户画像和用（客）户体验旅程地图。

如图 7.9 所示，京东公司将用（客）户生命周期划分为七个阶段：低潜期、高潜期、引入期、成长期、成熟期、衰退期和流失期。在不同的阶段，有不同的运营策略，并强调前期各阶段的转化率。

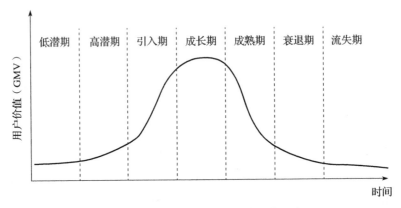

图 7.9　京东的用（客）户生命周期示意

如图 7.10 所示，咨询公司 Gartner 把用（客）户生命周期分为两段，即购买阶段和拥有阶段，并强调通过用（客）户体验的优化来提高用（客）户对企业和产品的忠诚度，而忠诚度本身也可看成是可持续发展的另一种诠释。在增量市场，吸引潜在用（客）户很重要；随着人口红利效应的递减，存量市场下更要强调如何提高用（客）户二次购买的概率，这其实也是"6R"

原则中"复用""再生"等原则在营销领域和用（客）户生命周期管理中的
应用。

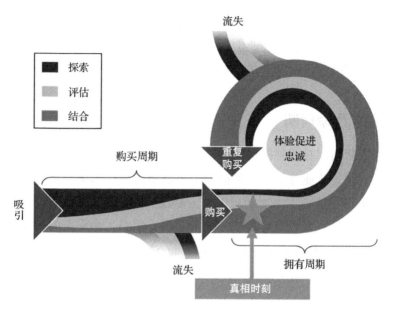

图 7.10　Gartner 用（客）户生命周期模型示意

7.3.5　员工职业生涯周期

员工职业生涯周期描述了员工在某个企业中职业生涯的全历程，是企业
人力资源管理工作的主要指导框架。如图 7.11 所示，员工职业生涯周期大体
可以划分为吸引（引）、聘用（用）、培养（育）、晋升（晋）和淘汰（汰）五个
阶段。

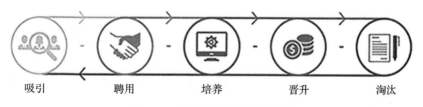

吸引　　　　聘用　　　　培养　　　　晋升　　　　淘汰

图 7.11　员工职业生涯周期示意

在知识经济时代，劳动力呈现出两极分化，低端的劳动力从事机器人无法替代的体力劳动，高端的劳动力则从事系统性、创新性工作，尤其是后者，对企业未来的发展起到举足轻重的作用，而对高端人才的吸引和使用，成为大多数企业人力资源管理的工作重点。从人力资源管理的角度看，企业的可持续发展主要取决于企业中内生型人才的培养速度和成效，员工职业生涯周期理论可以为企业提供方向和方法上的指导。

7.3.6　信息生命周期

信息生命周期有两种提法，一种是从技术、存在形式或数据挖掘的角度来讲，另一种是从业务、信息价值或商务智能的角度来讲。从技术或存在形式的角度来讲，信息生命周期可以分为创建、存储、使用、分享、删除 / 归档五个阶段。从业务或信息价值的角度来讲，信息生命周期管理就是 DIKW（Data-Information-Knowledge-Insight-Wisdom）模型的具体应用，即把信息生命周期分为如图 7.12 所示的数据、信息、知识、洞察、智慧五个发展和进化阶段。

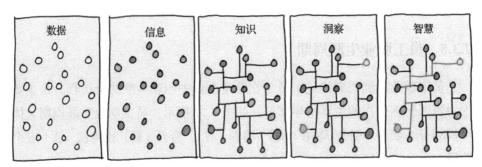

图 7.12　信息生命周期与 DIKW 模型（由 David Somerville 绘画）

信息生命周期同样形象地体现了可持续发展的理念。从技术或存在形式的角度看信息生命周期管理，可以指导我们在数字化建设中如何"降本"，降低数字化建设的拥有成本；从业务或信息价值的角度看信息生命周期管理，可以指导我们在数字化建设中如何"增效"，增加数字化建设的应用效益。

7.4 周期

周期代表事物发生和发展的全过程。在生命周期模型思维中，我们重点要理解关于周期的如下几个观点：1）阶段的划分，2）量变和质变，3）无形和有形，4）生生不息。

7.4.1 阶段的划分

生命周期的阶段划分，有两分法、三分法、四分法、五分法、六分法、七分法、八分法，甚至十二分法。两分法，如前文所讲，把客户生命周期划分为"购买"和"拥有"两个阶段。三分法的典型代表是把产品生命周期划分为三段：早期（Beginning Of Life，BOL）、中期（Middle Of Life，MOL）和晚期（End Of Life，EOL）。比较常用的还是参照自然生命规律的五阶段划分：生（发生）、长（成长）、壮（壮大）、老（衰退）、已（死亡 / 再生）。

划分的阶段不同，阶段的数量不同，是根据应用需要来选择的。阶段划分少，少在概括；阶段划分多，多在精细。阶段多的生命周期划分更详细地描述事物的发展变化过程，但又有烦琐之嫌。因此，阶段划分的或多或少，各有利弊，应根据应用的需要，选择合适的就好。

7.4.2 量变和质变

在生命周期的发展变化历程中，不同阶段代表了不同的变化，有些阶段代表了事物的量变，有些阶段则代表事物的质变。量变到某个临界点就会发生质变，而这个临界点往往是边际效应为零的时空点。因此，我们又可以将微观经济学和生命周期管理结合起来，应用微观经济学中边际效应的概念和方法来识别事物处于何种阶段。

如图 7.13 所示，O 点为临界点，其边际效应为零。因此，O 点左边的变化属于量变，从 O 点的左边到 O 点的右边是质变，事物的发展也从 A 阶段步入新的 B 阶段。

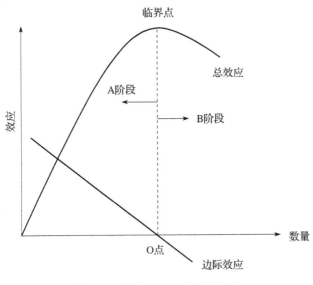

图 7.13　临界点——量变到质变

7.4.3　无形和有形

　　事物生命周期的不同阶段，有些是无形的，或者说业务实体或业务对象还处于概念或构思阶段；有些是有形的，或者说业务实体或业务对象已经有形可察，有体可触了。以产品的生命周期为例，市场调研、产品构思、产品设计等阶段是无形的，产品生产、产品使用、产品再生等阶段是有形的。再以企业的生命周期为例，初创期是无形多于有形，想法多于实践；成熟期是有形多于无形，实践多于想法。根据生命周期管理理论，无形比有形更难做，无形比有形更重要，所以我们才说："好的开始是成功的一半"。如果将生命周期管理理论用于企业实践，我们更要注意无形阶段的构思、策划、计划等工作。而现实情况是，大多数人都是感觉和直观动物，重形而不重意，理解有形的容易而理解无形的难，因而惯于头痛医头、脚痛医脚，并乐此不疲。

7.4.4　生生不息

应用生命周期模型思维，不仅要让我们活得更好，还要让我们活得更久，最好是能够"永生"。当然，彻底的永生是不可能的，但我们至少应寻求文化、理念、管理实践等层面、部分实体或实体部分的生生不息，这就是可持续发展理念中的"6R"原则，尤其是"反思""复用""重置""再生"等原则的具体应用，尤其是在生命周期的早期，在事物的策划和形成阶段就筹划好，真正做到"前人栽树，后人乘凉"。"前人"前在哪？"后人"后的又是谁？哪些可以舍弃或淘汰？哪些应该保留或继承？这些都是生命周期的阶段设计和划分需要重点考虑的问题。

7.5　模型

德国哲学家马丁·海德格尔有一本非常著名的哲学著作——《存在与时间》，讲述了存在与时间的统一性。实际上，《存在与时间》也可以理解为生命周期模型思维的哲学化诠释。

"存在"代表业务实体或业务对象的存在形式，"时间"代表生命周期或过程。业务实体或业务对象的存在形式在时间的河流中演变，是生命周期模型思维中的主体或客体，而生命周期及其阶段划分则为业务实体或业务对象提供了表演的时空和舞台。生命周期只代表一种全局和整体的视角，而可持续发展的理念及其"6R"原则的落实，还是要具体到业务实体或业务对象的存在形式中去。业务实体或业务对象的存在形式可以用多种局部模型（Partial Model）来表示，这些模型既相互影响，又相互补充。本文中，笔者主要以功能模型（Functional Model）或特征模型（Featural Model）、行为模型（Behavioral Model）和结构模型（Structural Model）来描述和了解业务实体或业务对象的存在形式。

7.5.1　功能模型

功能模型，又可称为特征模型、属性模型或（输出）结果模型（Outcome

Model），代表业务实体或业务对象在整体上带给环境、背景或利益相关方的

效用或影响。比如，汽车能开、能坐、能
行走、能制动、能加热、能制冷等，代表
了汽车的功能，而汽车的功能模型是汽车
功能的系统性描述。如果以面向对象建模
（Object-Oriented Modeling，OOM）的思想
来看，汽车可以视为一个对象，而汽车的
功能和外形则可以视为汽车的属性。螺旋
仪的功能模型建模示意图如图 7.14 所示。

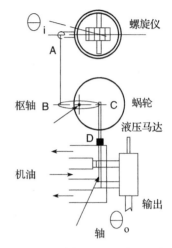

图 7.14　螺旋仪的功能模型示意图

　　从环境或背景的角度看，业务实体或
业务对象的功能模型、特征模型或结果模
型代表了生命周期管理的最终目的，即与
其说人们看重业务实体或业务对象的存在形式，不如说人们看重的是业务实体
或业务对象带给人们的效用或影响。因此，业务实体或业务对象的功能模型建
模，是人们认识业务实体或业务对象存在形式的第一步，也是最关键的一步。

7.5.2　行为模型

　　行为模型描述了业务实体或业务对象的功能或属性发挥其效用的过程。
比如，要想给汽车行驶加速，驾驶员就要踩油门，然后汽车发动机转速加
快；要想让汽车行驶减速或停车，驾驶
员就要踩制动踏板，推动刹车盘贴在轮
毂上。踩油门→发动机转速加快→行驶
速度加快，踩刹车→刹车盘贴近轮毂→
汽车减速，描述的就是汽车的行为模型。
在面向对象编程中，我们可以用 UML 语
言来对业务实体或业务对象的行为进行
建模，如图 7.15 所示，对象的行为模型
通常用函数、服务、事件、订阅等形式

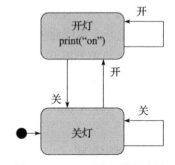

图 7.15　UML 语言所表示的
行为模型示意

来表示或实现。

营销领域的 RFM 模型其实也是一种典型的行为模型。如图 7.16 所示，RFM 模型分别从最近一次消费时间（Recency）、消费频率（Frequency）和消费金额（Monetary）三个维度描述用户的消费行为，从而用于指导企业对用户或客户的分类和生命周期管理。与之相对应，用户画像（User Persona）则类似于后文要讲到的结构模型。用户画像、用户体验旅程地图、RFM 模型等，是数字化营销领域常用的管理模型和工具。

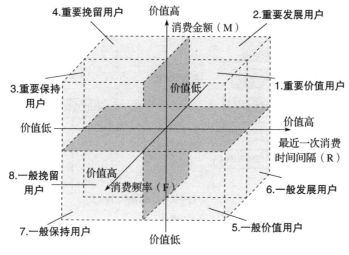

图 7.16　RFM 用户行为模型及其应用

7.5.3　结构模型

结构模型是从物质或要素的角度对业务实体或业务对象的存在形式进行建模和诠释。还是以汽车为例，汽车有动力系统、转向系统、行驶系统、悬架系统等子系统及其零部件，这些子系统和零部件构成了汽车的物料清单，也就是大家熟知的 BOM（Bill of Material），BOM 就是汽车的结构模型。当然，在汽车产品生命周期的不同阶段，又有不同形式或用途的 BOM，比如策划阶段的原型 BOM，设计阶段的工程 BOM，制造阶段的制造 BOM，售后服务阶段的售后 BOM，等等。在面向对象编程中，业务实体或业务对象的结构模型可以用部件或属性来表示，或者更直接一些，与 IT 管理系统中的各类主数据相对应。

汽车发动机的结构模型示意如图 7.17 所示。

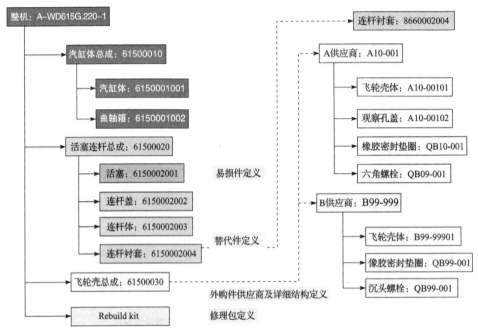

图 7.17　汽车发动机的结构模型示意

7.5.4　模型综合

如图 7.18 所示，在业务实体或业务对象存在形式的不同模型中，功能或特征模型代表了业务实体或业务对象的效用或特性，行为模型代表了业务实体或业务对象发挥其效用的过程，结构模型则是功能模型和行为模型得以实现的物质或要素基础。换个角度来看，业务实体或业务对象的结构通过行为来运动，所表现出来的就是功能或特性。如果以数据建模来类比，功能模型类似于数据的概念模型，行为模型类似于数据的逻辑模型，结构模型则类似于数据的物理模型。

在业务实体或业务对象的设计上，在可持续发展理念"6R"原则的落实上，是先落实到功能模型上，再落实到行为模型上，然后才落实到结构模型上。具体来说，"反思""拒绝""精简"的原则首先体现在功能或特性模型上，再是"精简""复用""重置"等原则体现在行为模型上，再次才是"复用""重置""再生"等原则体现在结构模型上。如果要在生命周期管理上分先后顺序的话，功能或特性的选择决定了行为的选择，行为的选择决定了结构的选择。

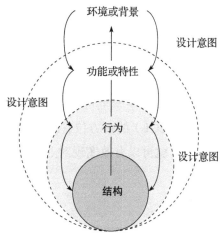

图 7.18　功能模型、行为模型和结构模型

7.6　实施

可持续发展的理念及其"6R"原则要通过生命周期管理和生命周期评价来予以体系上的保证，而它们的落实则要贯穿企业及其生态的各业务实体或业务对象生命周期的各个阶段，要体现在业务实体或业务对象的功能、特性、行为和结构上。那么，在生命周期模型思维的实施和实践中，如何将可持续发展，"6R"原则，生命周期管理及评价，生命周期阶段划分及过程管理，业务实体或业务对象的功能、特性、行为、结构，等等，形成一个有机的整体呢？这就需要相应的 IT 管理系统做支撑。比如，PLM 系统之于产品生命周期管理，CRM 系统之于客（用）户生命周期管理，SRM 系统之于供应商生命周期管理，EAM 系统之于资产和设备生命周期管理，HCM 系统之于员工职业生涯周期管理，BW/BI 系统之于信息生命周期管理，ALM 系统之于应用生命周期管理，等等。

除了上述 IT 管理系统外，随着大数据、物联网、机器学习、虚拟现实 /

增强现实等数字化技术的成熟应用，在数字化建设中，在业务实体或业务对象的生命周期管理方面，还出现了一种新型的数字化解决方案——数字孪生（Digital Twins）。

如图 7.19 所示，数字孪生是现实世界中"物"（业务实体或业务对象）的数字化映射，它通过物联网和通信技术，可以实现与现实世界中"物"的连接，并把"物"的状态等实时数据加载到"物"的三维数字模型上，实现对"物"的监测、仿真、分析和控制。如果以三分法来划分业务实体或对象的生命周期，数字孪生可以实现业务实体或业务对象生命周期的中期（MOL）和晚期（EOL）的多方位管理。如果再与 PLM、CRM、EAM 等传统 IT 系统相结合，就可以有效实现对业务实体或业务对象的全生命周期管理。

图 7.19　数字孪生的组成和功能[13]

以产品生命周期管理为例，PLM 系统定义了产品的功能、特性、行为和结构，及其在产品生命周期各阶段的演变；数字孪生则记录了产品在制造、使用、服务等产品生命周期环节的实际结构组成、行为结果、特性表现等数据。在形态上，PLM 中的产品定义数据类似于 ERP 中的主数据（静态数据），而数字孪生中的运行、服务等数据则类似于 ERP 中的交易数据（动态数据）。如图 7.20 所示，通过 PLM 系统与数字孪生技术的结合，我们就可以获得产品全生命周期的各种数据，PLM 中的产品定义数据衍生和指导产品运行数据，数字孪生中的产品运行数据反哺和修正产品定义数据。这样，既有助于物理产品的制造、运行、服务和再生，也为下一代产品的研发提供数据决策支持，将可持续发展的"6R"原则落实到 IT 系统中，从而实现可持续发展的产品、可持续发展的工厂、可持续发展的产品研发实践和可持续发展的企业。

图 7.20   数字孪生与 PLM 结合的产品生命周期管理

指穷于为薪，薪尽而火传。企业要想基业长青，就要在企业及其生态中深入贯彻可持续发展的理念和"6R"原则，需要在生命周期模型思维的指导下，对企业、产品、客户等相关业务实体和业务对象进行全生命周期管理，在生命周期中化蛹为蝶，生生不息。

7.7   扩展阅读：从数据的生命周期看企业的数字化建设

有位哲人说："知识不是力量，只有能执行的知识才叫力量。"知字，从矢，从口；矢者，快也，趋也；口者，言也，众口传也。从某种意义上讲，企业的信息化建设本质上是企业的认知和执行体系的建设。

评估一个企业的信息化建设水平，可以有多种方法或维度，比如能力成熟度，信息孤岛或割裂程度，信息质量损失的大小等，企业中数据的生命周期评价也是一种非常有指导性的方法。

如图 7.21 所示，数据的生命周期是企业行为的表征，企业从业务执行中获取数据，然后再转化为信息、知识、洞察和决策，进而指导企业经营目标的设定和达成计划的制定，并全程作为组织沟通和协调的主要形式。数据全生命周期的实现和应用水平如何，可以在一定程度上揭示企业信息化建设水平或成效的高低。

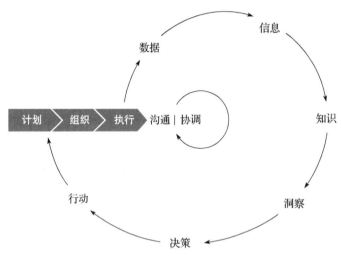

图 7.21　数据生命周期与组织行为

7.7.1　数据

业务数据化，即将业务执行的情况予以数据化，以便后续的处理和加工，这是数据生命周期的第一阶段。如图 7.22 所示，人们通常用准确性、完整性、及时性等维度来评价业务数据化的程度。

物联网、人工智能、大数据等技术的成熟应用，可以帮助企业大大提升数据的准确性、完整性和及时性。物联网可以实时、自动地采集产品使用、设

图 7.22　业务数据化程度的评价维度

备运行、环境状态、物料位置等数据，运用人工智能技术可以识别语音、图形、影像等数据，通过网络爬虫、文本挖掘可以大大提高企业对非结构化数据采集和加工的效率。但即使有这些技术做支撑，业务的数据化，以及数据的准确、完整和及时是企业信息化建设中永远走不完的"长征"。

7.7.2　信息

数据的信息化，就是在一定的时间和空间下，将数据与企业中的业务对象，比如客户、渠道、产品、流程、组织、人员、设备等，进行关联，换句话说，特定背景下具有相关性内涵的数据就是信息。

$$数据 + 关系（Relationship/Relevance）= 信息$$

在数据转化为信息的过程中，如何识别强相关性，如何排除数据中的"噪声"，是非常重要的，否则信息的质量就将大打折扣；换句话说，判断信息质量的主要标准就是其相关性。举例来说，如果要评价一个企业的销售业绩，单看其销量增长是不够的，更要看其市场占有率的增长。如果一家企业的当月销量比上个月增长了10%，这似乎是不错的，但如果全行业当月销量的平均增长在15%，那其实这家企业的销售业绩是比较差的。其背后的原因就是，相比于销量增长，市场占有率的增长与销售业绩的相关性更高。

由于采取相关性不强的信息，很可能导致企业做出错误的推测和决策。21世纪初，美国的次债危机就是因为采用了相关性不强的信息来做金融决策导致的后果。为此，内特·西尔弗（Nate Silver）写了一本专著——《信息与噪声》，来描述采取质量或相关性低的信息来做决策所导致的灾难，这就牵涉对数据的下一个生命周期阶段——知识的理解和掌握，因为对信息的掌握还不足以支持企业的决策行为。

7.7.3　知识

信息的知识化，即如何识别信息背后的范式或规律（Pattern），这种范式主要指的是事物之间的因果关系。

前几年，流行一本有关大数据的书，大意是大数据预测不用考虑因果关系，只需掌握相关性即可，这其实是对人们的误导。因果关系和相关关系不是绝对的，其差别是概率，在笔者看来，概率高的相关关系就是因果关系。在另一方面，对外部市场的分析可以只考虑相关关系，但对企业内部运营的分析则一定要考虑因果关系，这样才有可能找到消除经营和管理过程中不确定性的途径。

在实际工作中，笔者经常被问起类似这样的问题：如何对业务数据或报表进行深入地分析？就属性而言，信息可分为两类，一类是表示原因的，另一类是表示结果的。信息的知识化，就是要将信息进行分类，并在"原因类"信息和"结果类"信息之间找到或建立因果的逻辑关系，这就需要用到两种分析技术：描述性分析（Descriptive Analytics）和诊断性分析（Diagnostic Analytics），尤其是后者。

描述性分析主要讲的是发生了什么，其内容包括噪声监测、数据簇或样式划分、数据分布、均值和标准差分析等，这需要大量的统计学知识做支撑。

诊断性分析则是描述性分析的进一步深化，它探求事情是怎么发生的，为什么会这样发生，亚里士多德的"四因说"（形式因、质料因、动力因、目的因）可以作为理论指导，鱼骨图分析则可以作为工具支持。

描述性分析关注的是事物的 What、Who、When、Where 和 How many/much，诊断性分析则进一步关注事物的 Why 和 How。

由图 7.23 可知，信息向知识的转化，其实就是描述性分析，进而才是诊断性分析的应用过程。非常可惜的是，很多企业对数据的应用，至多到描述性分析阶段后就没有深入下去或深入不下去了，其信息化建设的成效也就可想而知了。

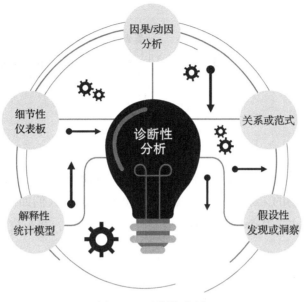

图 7.23　诊断性分析

7.7.4　洞察

如果说从数据到信息，从信息到知识，其关注的是过去，是企业中已经发生的事情；从知识到洞察，则是关注企业的未来，即企业即将可能发生的事情，或者说是对未来的预测和判断，其主要的应用形式是预测性分析（Predictive Analytics）和规则性分析（Prescriptive Analytics）。

如图 7.24 所示，预测性分析是根据过去的情形和趋势来推测未来的变化，其理论和技术支撑是统计性推理、线性回归等统计学模型，最典型的应用是生产过程质量管理中的统计过程控制（Statistical Process Control，SPC），即根据样本的表现来推测总体的表现，并进一步预计未来的表现。随着机器学习和人工智能技术的发展，除了统计性推理模型外，决策树（Decision Tree）、支持向量机（Support Vector Machine）、神经网络（Neurol Network）、随机森林（Random Forest）等新兴计算模型的应用日益广泛，催生了预测性设备维护、预测性质量控制、预测性安全管理等业务应用场景。

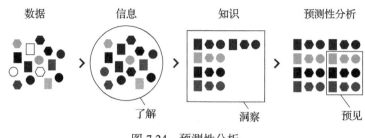

图 7.24　预测性分析

如图 7.25 所示，规则性分析则是预测性分析的进一步应用。预测性分析还只是预测事物的未来变化，而规则性分析则是告诉人们如何影响未来的变化，即为了在未来某个时间可能达成某种期望的结果，当前应该怎么做。

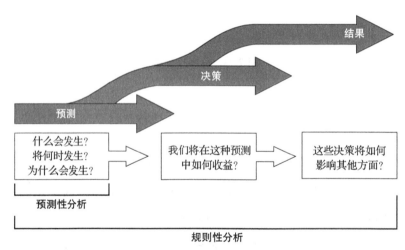

图 7.25　规则性分析

由此可见，规则性分析还需要在预测性分析的基础上，加上运筹学模型等的支持。也只有有了规则性分析，洞察才可以转化为决策和行动。总体上，规则性分析的输出是关于业务的优化性建议。

7.7.5　决策

由洞察转化为决策，就是根据预测性分析或规则性分析的结果，支持企业经营目标的设定或特定活动的选择，是一个由建议（Advice）到选择（Choose）或目标设定（Goal Setting）的过程。

由洞察到决策，或由建议到选择或目标，可以是纯手动，半自动或全自动的过程，数据全生命周期的深化应用就是希望能够逐步提高由洞察到决策的决策质量和自动化水平，这才是"智能 +"的核心内涵。

根据涉及的范围和时间跨度的不同，有不同类别和层次的决策。一般而言，全局性的、时间跨度比较长的决策，还是需要在 IT 系统建议的基础上进行人为调整，以体现经营者的判断、意图和权衡，这是一个半自动的过程；而对于那些局部的、时间跨度缩短到周或天，乃至班次的决策，尤其是操作层面的决策，则可以考虑尽量实现自动化，直接从建议到计划的制定或计划订单的生成，比如预测性设备维护、预测性质量控制等业务场景。

7.7.6 行动

由决策转为行动，就是根据目标的设定来制定企业的经营计划，它的输入是经营目标，它的输出则主要体现在 ERP、CRM 等 IT 系统中的主生产计划、市场推广计划、定价策略等。这里的行动，在 IT 系统里体现的是各种计划（Plan）或计划订单（Plan Order），是一个由目标（Goal）到计划（Plan）的过程。

从数据到信息，从信息到知识，从知识到洞察，从洞察到决策，从决策到行动（计划），由计划（行动）到组织，由组织到执行，数据的全生命周期完成了一个循环；再在业务的执行过程中采集数据，……，数据的生命周期又进入新的循环，企业的经营在数据生命周期的循环中不断优化和提升。

从数据的生命周期看企业的信息化建设，很多企业的信息化建设要么是支离破碎的，要么是戛然而止的。行百里者半九十，因为技术支撑、工作方法或思路等方面的原因，很多企业的信息化建设推进到描述性分析就止步不前了，虽然花了大量的人力、物力、财力，实施了 ERP、CRM、PLM、

MES 等 IT 系统，也给业务呈现了各种形式的数据或报表，但这些数据也只是表面的，还需要用户自身进行大量的深入分析，才有可能知其所以然，而往往大多数 IT 用户缺乏统计学分析等应用技能。于是，这些 IT 系统的效用就大打折扣，企业的信息化建设也就停留在报告（Reporting）层面，不能深入至分析（Analyzing），甚至优化（Optimizing）层面，更不用说发挥信息化的"免疫系统""指挥棒"等作用。

从数据的生命周期看企业的信息化建设，可以看出很多已存在的问题，也可以发现很多改进的机会，从这些问题和机会中深入进去，企业的信息化建设一定大有可为！

成熟度模型思维

在《论语·为政》中，孔夫子是这么概括自己的一生的："吾十有五而志于学，三十而立，四十而不惑，五十而知天命，六十而耳顺，七十而从心所欲，不逾矩。"从求学到而立，再到不惑，再到知天命，再到耳顺，再到从心所欲而不逾矩，既是孔夫子人生历程的演进，也是其心智模式和人生智慧的日益成熟，我们可称之为孔夫子的心智模式成熟度模型，如图 8.1 所示。

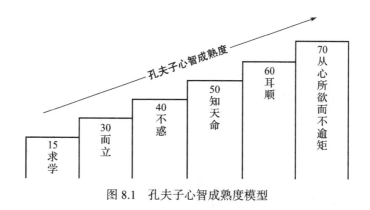

图 8.1　孔夫子心智成熟度模型

如图 8.2 所示，与人一样，组织也有其"心智"或能力的发展历程，我们也可用相应的成熟度模型来概括。实际上，成熟度模型是管理实践中常用的模型思维之一，它以渐进的过程来描述、明确、度量、实施和评估管理实践的发展及变化，并寻求相应的机会予以持续改进，目的是让组织持续地提升其业务能力，以达成组织的战略和目标。本文中，笔者从成熟度模型的特点和变式两个方面，对其做简要性介绍。

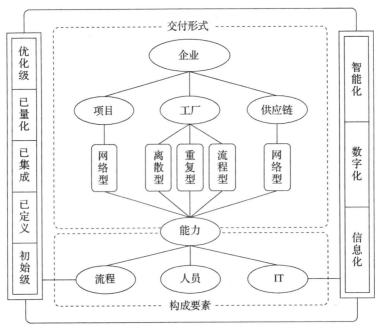

图 8.2   成熟度模型思维的框架

8.1   成熟度模型的特点

成熟度，指的是研究对象的当前状态与其理想状态相比较的相对值。围绕成熟度概念的应用，首先，我们要定义出研究对象的理想状态；其次，将研究对象的当前状态与理想状态进行比较；再次，将比较结果以百分比或等级划分的方式来衡量。成熟度模型，则是建立在成熟度概念的基础上，包括研究对象的选择、研究对象的状态或成熟度等级的定义、评估、评估结果的分级、不同分级之间的梯升路径、成熟度改进举措等在内的一体化框架。

在管理实践中，成熟度模型是从过程行为、表现形式等角度来看管理实践的发展水平。因为管理实践本身很难完全量化，我们通常以等级划分的方式来对成熟度进行衡量，常用的有三分法、四分法、五分法、六分法、七分法等。另外，管理实践中，成熟度模型的评价对象主要指组织的业务能力，即达成组织战略和目标的能力。

需要特别强调的是，成熟度模型和生命周期模型是两种不同形式和目的的模型思维。生命周期模型针对的是业务对象，是以时间为轴来看业务对象的生存状态；成熟度模型针对的是组织中的各种业务系统或系统构成要素，是从行为表现的视角来看业务系统或系统要素的发展质量。以一个 70 岁的人为例，从生命周期模型的角度看，他已处于衰老期；从成熟度模型的角度看，他的生活质量可能非常高，可能已经到了"从心所欲，不逾矩"的境界。

8.2 成熟度模型的变式

根据应用的背景或领域的不同，成熟度模型的内容会有相应的差别。既然管理实践中的成熟度模型主要应用于组织中业务系统或业务能力的评价，那我们就可以从业务能力的构成要素和应用背景来看不同形式的成熟度模型。从业务能力的构成要素视角看，业务能力主要由流程、技术、人员等融合而成，因而包括流程管理成熟度、系统集成成熟度、业务分析成熟度、软件架构成熟度、IT 管理成熟度等。从业务能力的应用背景视角看，业务能力主要应用于组织中产品或服务的交付及交付系统，因而包括项目管理成熟度、工厂运行成熟度、供应链管理成熟度等。不管是从构成要素的视角看，还是从应用场景的视角看，能力成熟度模型是其他成熟度模型的原型和参考。

8.2.1　能力成熟度

如图 8.3 所示，能力成熟度模型把组织的业务能力发展水平划分为五个等级：初始级、可重复、已定义、已计量和已优化。其中，"已优化"是业务能力的理想状态。在实际工作中，笔者观察到大部分组织的能力成熟度处于"可重复"与"已定义"之间，极少数领先型组织突破了"已定义"状态，实现能力的初步"已计量"。之所以大部分组织的能力处于"可重复"和"已定义"之间，是因为能力是流程、人员、IT 技术等构成要素的有机融合体，而大部分组织中的上述能力要素尚未实现"水乳交融"式的融合。

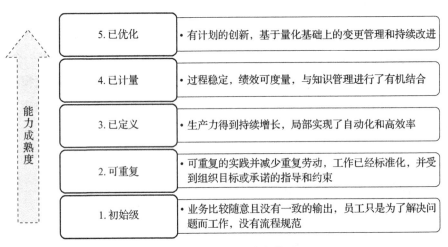

图 8.3　业务能力成熟度模型

8.2.2　流程管理成熟度

如图 8.4 所示，流程管理成熟度模型把流程管理的成熟度划分为初始级、已定义、已集成、可量化和优化级五个等级，其中，"优化级"是流程管理的理想状态。笔者在本书前面的第 6 章中曾经谈过，"集成"是业务流程的核心使命，而在流程管理成熟度模型中，"已集成"也是很多组织中流程管理难以迈过、又必须迈过的一个坎，也是优秀企业与一般企业的分水岭。如果在"已定义"状态，还主要指的是部门级业务流程有了明确的定义和有效的管理；而在"已集成"状态，则主要指组织内跨领域、跨部门的流程得到了明确的定义、集成和有效的管理，也只有这样，组织才能"得一"，才能形成合力。

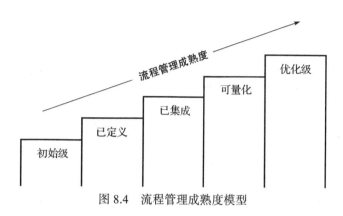

图 8.4　流程管理成熟度模型

8.2.3　IT 架构成熟度

以面向服务的架构（Service Oriented Architecture，SOA）成熟度模型为例，IT 架构的成熟度可划分为烟囱式、集成化、组件化、服务化、组合服务化、虚拟服务化、动态可配置服务化等不同等级，其中，"动态可配置服务化"是 IT 架构的理想状态，它分别从业务视角、组织与治理、方法、应用、架构、信息、基础设施等层面，对 IT 架构提出了更高的要求，而动态可配置则是其核心内涵。

如图 8.5 所示，我们可以发现大多数组织的 IT 架构还处于"烟囱式"与"集成化"之间，少数组织实现了 IT 架构的部分组件化或服务化，而组织要迈向敏捷型组织，组织中的业务能力要能够根据环境的变化动态调整，组织中的 IT 架构就必须实现组合服务化，甚至动态可配置服务化。

8.2.4　系统集成成熟度

虽然说"动态可配置服务化"是组织中 IT 架构的理想状态，但其最终的实现毕竟还要一个较长的过程。对很多企业而言，做好 IT 系统之间的系统集成是一个很现实的问题。如图 8.6 所示，系统集成成熟度模型把系统集成的成熟度分为手工、分布式、消费式、自助服务式和生态式五个等级，这就为我们做好系统集成工作提供了方向性指导。

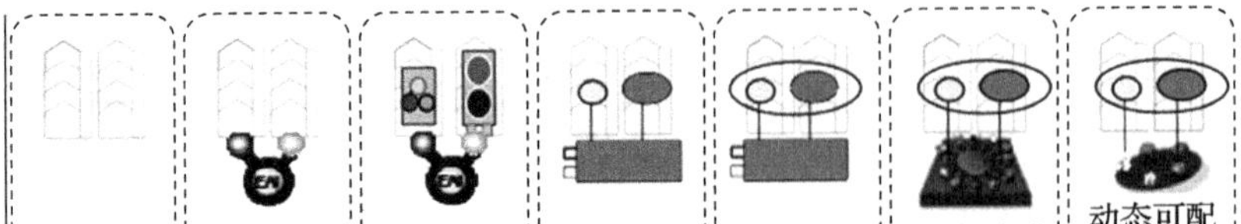

	烟囱式	集成化	组件化	服务化	组合服务化	虚拟服务化	动态可配置服务化
业务视角	面向功能	面向功能	面向功能	面向服务	面向服务	面向服务	面向服务
组织与治理	特定应用的技能	IT转型	IT治理	技术选择	组织转型	文化和行为转型	人力服务总线
方法	结构化分析与设计	面向对象建模	基于组件开发	面向服务建模	面向服务建模	面向服务建模	面向语法建模
应用	模块	对象	组件	服务	基于服务的流程集成	基于服务的流程集成	动态应用配置
架构	单一架构	分层架构	组件化架构	融合式SOA	SOA	格栅驱动的SOA	动态可配置架构
信息	与应用相关	数据对象区域已建立	业务数据可共享	领域标准化数据字典	企业标准化数据字典	可扩展的数据字典	标准化数据字典
基础设施	特定平台	特定平台	特定平台	特定平台	与平台无关	技术中性	动态感应
	Level 1	Level 2	Level 3	Level 4	Level 5	Level 6	Level 7

图 8.5　SOA 成熟度模型

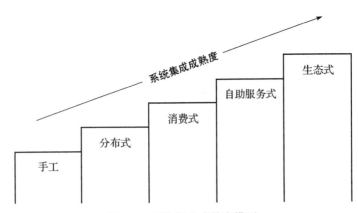

图 8.6　系统集成成熟度模型

8.2.5 业务分析成熟度

如图8.7所示，基于数据的业务分析成熟度模型把业务分析成熟度划分为描述性分析、诊断性分析、预测性分析和规则性分析四个等级，其中，规则性分析是业务分析的理想状态。从业务价值的角度看，描述性分析的业务价值最小，而规则性分析的业务价值最大。从技术实现的角度看，描述性分析和诊断性分析可以通过传统的数据仓库和商务智能来实现，而预测性分析和规则性分析则需要借助高级分析或人工智能来实现。从描述性分析到诊断性分析，到预测性分析，再到规则性分析，组织的业务分析能力可以从反应式的事后"诸葛亮"进化为预测式的事前"诸葛亮"。

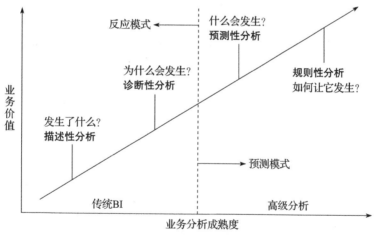

图 8.7　业务分析成熟度模型

8.2.6 IT 管理成熟度

如图8.8所示，IT管理成熟度模型把组织中IT管理的成熟度划分为被动型、有效型、主动型、策应型和战略型五个等级，其中，"战略型"是IT管理的理想状态。在"战略型"IT管理状态，组织中的IT建设不仅能有效支撑组织战略的展开，而且还能部分地引领业务的发展。再看很多组织的信息化现状，我们会发现，很多组织的 IT 管理水平还处于"被动型"或"救火型"阶段。

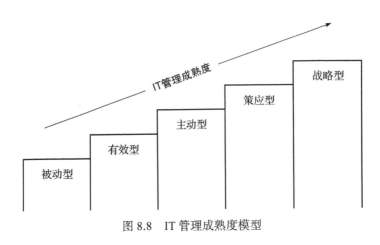

图 8.8　IT 管理成熟度模型

上述六个成熟度模型是从业务能力或能力构成要素的角度来讲的。下面，笔者再从能力的应用背景等角度，谈谈项目管理成熟度、工厂运行成熟度和供应链管理成熟度模型，让大家对成熟度模型思维的特点有进一步的认识。

8.2.7　项目管理成熟度

项目是组织中研发、营销、IT、工程等领域的主要工作形式。随着跨部门矩阵式组织形式的推进和知识经济时代的到来，项目已成为组织中最常见、也是最重要的工作形式，而项目管理成熟度模型为组织提升其项目管理水平提供了方向性指导。

如图 8.9 所示，项目管理成熟度模型把组织中的项目管理分为共同语言、共同流程、一致的方法论、度量和对标以及持续改进五个等级，其中，"持续改进"是项目管理的理想状态。从细节上看，不同的成熟度等级，项目管理的九大领域（综合管理、范围管理、时间管理、成本管理、风险管理、人力资源管理、沟通管理、采购管理和质量管理）有不同的具体要求，还要融

合成一致的项目方法论。另外，项目管理的内容和具体要求还需要与项目的
目标或交付物的内容和结构进行有机地集成。

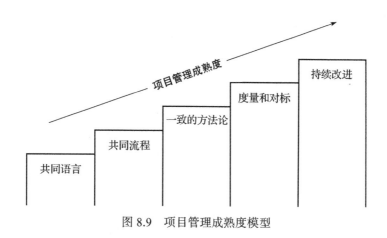

图 8.9　项目管理成熟度模型

8.2.8　工厂运行成熟度

工厂是制造型组织中产品或服务的主要交付形式，是其价值链的重要组
成部分。如图 8.10 所示，工厂运行成熟度模型把工厂运行的成熟度划分为操
作自动化、运营数字化和决策智能化三个等级，或是可视化、透明化、可配
置、可预测和自适应五个等级，其中，"决策智能化"或"自适应"是工厂
运行的理想状态，实际也是智能工厂的理想状态。因此，工厂运行成熟度模
型为智能工厂的建设指明了方向和路径。

8.2.9　供应链管理成熟度

供应链是组织中产品或服务的主要交付形式之一，与项目、工厂等一起
构成了组织的产品或服务交付系统。如图 8.11 所示，供应链管理成熟度模型
把供应链管理的成熟度划分为随机型、已定义、已连接、已集成和已扩展五
个等级，其中，"已扩展"是供应链管理的理想状态。实际上，到了"已扩
展"状态，组织已经进化成为组织生态，其供应链管理已具有可配置、开放
性、可扩展等鲜明特征。在实际现状中，大部分组织的供应链管理水平还处

于"已定义"或"已连接"状态，少部分进入了"已集成"的状态。

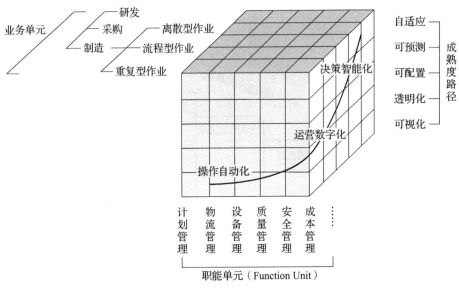

图 8.10　工厂运行成熟度模型

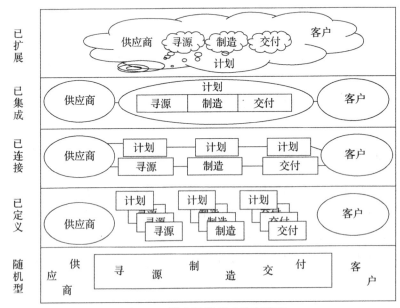

图 8.11　供应链管理成熟度模型

上述九种成熟度模型变式，只是成熟度模型思维的代表。感兴趣的读者可以以"成熟度模型"为切入点，找到更多的成熟度模型变式，比如知识管理成熟度、市场开发成熟度、人力资源成熟度、用户体验成熟度、信息安全成熟度等。不管什么形式的成熟度模型，大体都遵循"无序→有序→有机"的梯升路径。另外，因为篇幅的关系，笔者并没有对成熟度模型的具体内容和评价标准做详细的介绍，读者可以通过互联网等渠道获取相关资料并自行研究。

8.3　扩展阅读：智能制造成熟度模型与实施路径

在笔者看来，着眼于制造企业的愿景和目标，智能制造的本质不只在于企业的产品或服务的竞争力（企业之"用"），更在于企业作为一个系统的生态存活能力（企业之"体"），即企业适应环境和市场变化的能力。在智能制造时代，企业要能够敏捷执行和实时变化，要能够自学习和自适应。"学习型组织"是彼得·圣吉对优秀企业的要求，不过他主要指的是企业中的人、组织结构和企业文化；智能制造则把自学习和自适应的能力要求扩充到企业的整个系统，包括人、组织、文化、技术、流程、资源、设备、工具等。具体来说，就是运营技术（Operation Technology，OT）、信息技术（Information Technology，IT）、通信技术（Communication Technology，CT）与人和组织四者的融合，以及融合之后的自学习和自适应。

8.3.1　进化阶段和路径

企业系统从无知、混沌的状态到自学习、自适应的状态，是从无序到有序，从懵懂到明智的进化过程。如图 8.12 所示，从企业数字化转型和智能制造建设的角度来看，这个过程大体可以分为五个阶段：互联化、可视化、透明化、可预测和自适应。这可作为企业智能制造的建设路径之一。

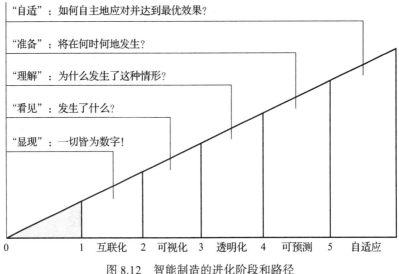

图 8.12 智能制造的进化阶段和路径

在互联化阶段，企业系统的各个要素及运行都可用数字来表达。在信息化时代，业务的数字化显现主要通过手工录入来完成，在数据的准确性、完整性和及时性方面都有一定的缺陷。面向智能制造时代，通过物联网、人工智能（图像识别、语音识别等）等技术的应用，业务的数字化工作可以自动完成，数据在准确性、完整性和及时性方面有了指数级的提高。

在可视化阶段，企业系统的数字化工作被赋予了业务意义。在信息化时代，业务的可视化主要以交易或记录为中心，以统计学技术来表示业务运营的特征，比如总量、最大、最小、平均、中位数、环比、同比、TOP N 等。面向智能制造时代，随着云计算技术的发展，企业更注重业务发展轨迹的变化，数字主线和数字孪生成为业务可视化的新型展现方式，并使业务远程管理等业务场景成为可能。

在透明化阶段，关注的是企业系统各要素之间的关系，以及寻求企业业务运营和变化背后的因果关系。在信息化时代，企业能够得到的主要是业务变化的"How"。面向智能制造时代，随着数据数量和质量的大大提高，以及高级分析技术的发展，企业更关注业务变化的"Why"。有了对企业系统中因果关系的清晰认识，就可以进行制造运营的仿真和优化，从而实现精益制造。

在可预测阶段，关注的是业务运营的未来变化，以便企业提前做好应对。在信息化时代，企业对业务变化的预测主要是通过统计学方法来实现的，比如 SPC（统计过程控制技术）在制造管理中的应用，但其在适用范围、准确性等方面还有很大的局限。面向智能制造时代，随着机器学习等技术的发展，可供应用的预测技术更加多元化，线性回归、神经网络、决策树、支持向量机等技术在制造业都可以找到其适用场景。

在自适应阶段，企业系统的运营已经实现了高度自主。作为智能制造的高级阶段，企业系统可以根据环境的变化做出实时调整，并根据应对措施的效果反馈进行自学习和算法优化。在自适应阶段，智能制造的呈现就是少人化，甚至零人工干预，并实现柔性制造和自主制造。

8.3.2　组织范围和能力要求

根据企业系统智能化的五阶段划分，对于不同的系统要素，其所处的阶段是不同的。如图 8.13 所示，为了对系统要素的智能化程度有更具体的认识，便于后续的改进优化，笔者从四个维度、九个视角来对组织范围和能力要求进行划分，即资源维度，包括资源的数字化映射和结构化沟通；技术维度，包括数据处理和信息集成；流程维度，包括纵向执行链、端到端产品链和资产链及横向价值链；文化维度，包括变革的意愿和社会化协作。

资源维度，包括各种物理的、可见的资源，以及企业员工、机器设备、工具、原材料、半成品、产成品等。资源维度包括两项能力要求，即资源的数字化映射和结构化沟通，其支撑基础是信息物理网络（Cyber-Physical System），以实现物理世界和数字世界的融合。资源维度的能力是智能制造的基础。

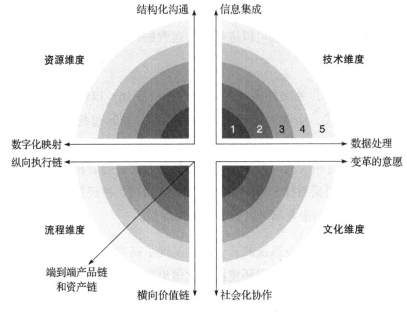

图 8.13　组织范围和能力要求

技术维度，主要指信息技术的应用能力，包括数据的处理（清洗、加工、存储、运算等）和信息的集成。有些企业，比如实施了 MES 等 IT 系统，获取了很多数据，但不知道怎么使用；抑或是企业中的信息孤岛很多，难以得到业务的统一视图，这是数据处理和信息集成方面的能力不足。技术维度的着重点是建立"数据驱动"（Data-Driven）的企业。

流程维度，指的是企业内及企业间流程的柔性化和敏捷化。流程维度的主体内容是工业 4.0 的三项集成，即纵向的执行链集成、端到端的产品链和资产链集成，以及横向的价值链集成。流程维度的智能化要求，要确保企业内或企业间的流程既要高度集成，又能随机组合，通过高度柔性来实现实时改变或调整。

文化维度，包括企业内各级员工的变革意愿和社会化协作。企业的主体是人，企业的敏捷性最终取决于员工的行为。如果一个企业的文化中缺乏变革基因，企业中的员工不主动拥抱变革，智能制造的愿景就不可能实现。面向智能制造，文化维度指的是企业内信息的自由流动和高度共享，数字化的创新方法，扁平化、网络化的协作，以及基于知识的决策。

8.3.3 成熟度模型的应用

如图 8.14 所示，将智能制造的五个阶段、组织范围的四个维度和能力构成的九个视角组合起来，并与企业的实际情况相对应，就可以形成类似于雷达图的企业智能制造成熟度评估模型。通过这个评估模型，可以对企业当前的智能化程度（智能制造状态）进行评估，并识别短板和改进方向。

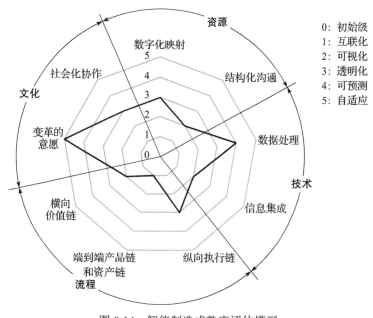

图 8.14 智能制造成熟度评估模型

根据上述评估模型，企业可以对自身的智能制造成熟度进行评估，并寻找改进的方向和措施：

1）确定当前成熟度等级。分别从资源、技术、流程和文化四个维度看当前的成熟度等级，即确定分别处于互联化、可视化、透明化、可预测和自适应中的哪个等级。

2）识别需要强化的能力。根据第一步的成熟度评估结果，分别从数字化映射、结构化沟通、数据处理、信息集成、纵向执行链、端到端产品链和资产链、横向价值链、变革的意愿及社会化协作九个视角去确定改进方向。

3）制定具体推进措施。结合第二步中明确的改进方向，根据企业的业务战略及其优先级，制定并落实具体的智能制造推进路径和措施。

企业经营发展的主旋律是变革，企业能力建设的着力点是转型。在智能制造的时代背景下，转型的目标是帮助企业实现敏捷执行和实时变化，最终实现自适应的进化。

规模定制模型思维

在与客户接触的过程中，笔者发现很多客户的 ERP 系统应用效果大都不理想，哪怕使用的是所谓的国际知名 ERP 软件，哪怕是花费上千万元请世界知名的咨询公司来实施。在之前的一篇文章——《 ERP 应用成熟度模型概述》中，笔者把企业中的 ERP 应用水平分为业务透明化、运营集成化和决策可优化三个等级。如果把这个模型与很多客户的 ERP 系统应用水平进行比较，我们会发现大多数企业的 ERP 应用水平处于"业务透明化"与"运营集成化"之间，与"决策可优化"的距离甚远，这可能也是很多老板对 ERP 应用水平不满意的原因所在。

如图 9.1 所示，ERP 应用效果的"运营集成化"主要包括三个方面：业财集成、技生集成和供需集成。业财集成，也就是所谓的业务财务一体化，这应该是 ERP 实施应用的及格线，大多数企业是能够达到这个实施效果的。技生集成和供需集成则比较难，尤其是后者。有一个明显的评价维度是，MRP（Material Requirement Planning）能不能跑起来，MRP 的运行结果是否能够指导生产组织活动？如果 MRP 没有跑起来，或者 MRP 的运行结果不能指导生产组织活动，当然就不能说 ERP 的实施应用实现了技生集成和供需集成，ERP 的实施应用水平就只是刚刚过及格线，与 70 分、80 分、90 分当然有很大的差距。

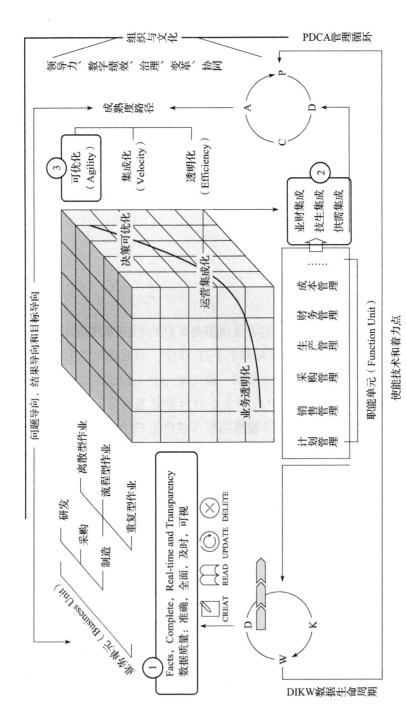

图 9.1 ERP 应用成熟度模型

MRP 的有效运行取决于多方面的因素，比如库存的及时性和准确性，产品 BOM 的准确性和完整性，各类订单状态及完工情况的及时性和准确性，销售预测信息的及时性和可靠性等，尤其销售预测，它是 MRP 运行的主要输入，往往难以做到及时和可靠。关于销售预测的难度，很多客户的解释是产品种类太多，有些企业的在售产品多达数千种，当然没法做销售预测！

根据笔者的经验，企业要想做好销售预测，应着重优化以下两个方面：一是预测算法的选择，二是预测对象的设定。预测算法无非这么几种：经验推测、线性回归、遗传算法等。只要有相应的软件，哪怕是 Excel 表格，都会有多种算法作为备选。关键是预测对象的设定，如果针对最终产品做预测，而最终产品又有数千种，那确实很难操作；那么，有没有可能在中间产品、半成品或零部件层级做预测呢？这就需要深入理解"规模定制"（Mass Customization）的内涵，在规模定制模型思维的指导下，对客户需求进行结构化管理，对产品结构进行解耦，解耦成模块化的部件，再基于模块来做预测，如图 9.2 所示。

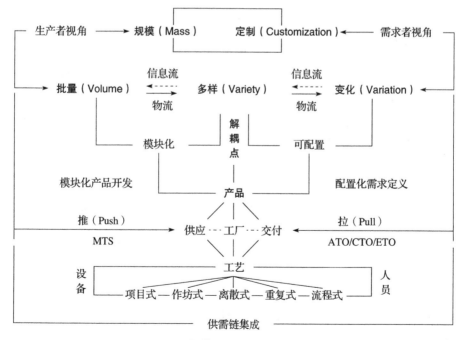

图 9.2   规模定制模型思维的框架

作为一种生产运营模式，"规模定制"在 20 世纪 90 年代初期就已提出，并得到了很多制造企业的重视和应用。"规模定制"的主旨是在为市场和客户提供多样化产品或服务的同时，确保企业的交付系统和交付过程的低成本、高质量、高效率和高效益。如果用拆字法来看，"规模定制"可以拆成"规模"和"定制"，是分别从生产者和需求者的视角来看企业的生产运营，而把"规模"和"定制"两个看似相互矛盾的要求统一起来的关键是解耦。

9.1　需求者视角的"定制"

从需求者的视角看企业的生产运营，客户需要的是多样化、个性化，乃至个体化的产品或服务。当然，无形服务的个体化还好说，有形产品的无限制个体化是很难实现的，即使能实现，其高昂的生产交付成本也难以被普通的客户所接受。

另外，需求者的多样化或个性化需求还应该进行结构化管理。在有些企业，客户的个性化需求往往以文本备注的形式体现在销售订单中，这样不仅没有对客户的需求做有效的管理，而且也难以对客户的需求进行统计和追溯。所谓没有规矩不成方圆，如果不对客户需求进行结构化管理，客户需求将变得随意和无序。在管理实践中，配置管理（Configuration Management，CM）就是客户需求的结构化管理工具之一。

如图 9.3 所示，配置管理把个性化的客户需求进行分类，有些特征是必选的，有些特征是可选的，而每一个特征与产品或服务的功能、特性相对应。这样一来，变化的客户需求在种类上可得到规范和精简。

在营销领域，企业通过配置管理，或者说销售配置，可以把产品或服务的功能、特性开放出来供客户查询和选择，并起到将客户需求转化为产品需求的作用，从而大大提高客户或一线销售人员生成销售线索、查询报价或销售订单的效率。

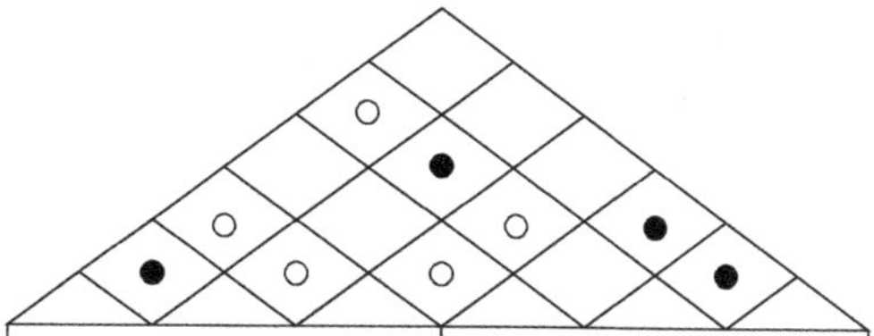

	特征组1			特征组2		
	特征1	特征2	特征3	特征4	特征5	特征6
No.	客户需求					
1	客户需求1：……					
2	客户需求2：……					
3	客户需求3：……					
4	客户需求4：……					
5	客户需求5：……					

● 必选　○ 可选

图9.3　客户需求的配置管理

　　在工程领域，企业通过配置管理，或者说工程配置，可以把产品或服务的功能、特性与其构件（子装配或零部件）对应起来，供工程设计人员和生产物流人员使用，起到将产品需求转化为零部件需求的作用，这样不仅可以简化产品结构（BOM 和工艺路线）的管理，还可通过基于配置的超级 BOM 和超级工艺路线的应用，大大减少企业中产品 BOM 和生产版本的数量，从而减少 PLM、ERP 等系统中生产基础数据维护的工作量。

9.2　生产者视角的"规模"

　　从生产者的视角看企业的生产运营，生产者希望产品或服务的生产交付能够有一定的标准化和订单量，而且是标准化程度越高越好，订单量越大越好。只有标准化程度高、订单量大，生产运营活动才有一定的均衡性，才能形成规模化效益，才有利于成本的下降和质量的控制。

在买方市场时代，期望通过一个或少数几个标准化产品去满足广大客户的需求是不现实的。既然最终产品层面上的高度标准化不可求，那么我们可以退而求其次，在构成最终产品的子总成或零部件层面寻求一定程度的标准化、通用化和复用率，这就是模块化设计在产品开发和供应链管理上的运用。

如图9.4所示，企业可以根据自身特点选择如下六种常见的模块化设计：组件共享、组件替换、裁剪适配、混合式、总线式或积木式。通过模块化的产品设计和供应链管理，企业可以获得子总成或零部件层面的标准化或通用化。当然，为了保证模块的可装配性和不同模块之间的适配性，模块化设计时还应考虑模块的接口、输入、输出、可变性，以及模块之间的相关性，如图9.5所示。

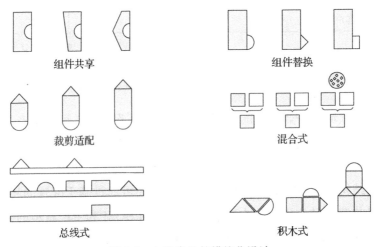

图9.4　六种常见的模块化设计

从需求者视角的产品或服务的多样化和个性化，到生产者视角的子总成或零部件的标准化和通用化，从基于配置管理的产品或服务的可变性，到基于模块化设计的生产运营的批量化，企业还需要有合适的转换机制，把配置管理和模块化设计结合起来，这就是企业中产品、流程和工厂的结构解耦。

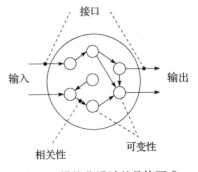

图9.5　模块化设计的具体要求

9.3　产品、流程和工厂的解耦

9.3.1　产品结构的解耦

如图 9.6 所示，通过产品结构，也就是 BOM 的解耦，最终产品和模块化零部件可以采用不同的计划策略来组织生产。以需求驱动的 MRP（Demand-Driven Material Requirement Planning，DDMRP）模式为例，通过产品 BOM 的解耦，产成品或解耦点之上的子装配和零部件可以以"拉式"（Pull）的方式，或者说以面向订单设计（Engineering To Order，ETO）、面向订单配置（Configuration To Order，CTO）或面向订单装配（Assembly To Order，ATO）中的某一种形式来组织生产和排程，而解耦点以下的子装配或零部件则可以以"推式"（Push）的方式，或者说以面向库存生产（Make To Stock，MTS）的方式来组织生产和供应。这样一来，既保证了产成品、个性化子装配和零部件等层面的多样化和订单拉动，又能实现模块化、通用性子装配或零部件层面的批量生产和供应，从而把面向订单拉动和面向库存计划的生产组织形式进行有机的结合，也就不用担心 ERP 中的 MRP 不能有效地运行，如图 9.7 所示。在这里，笔者还要多说一句，在制造企业的经营管理实践中，100% 的面向订单生产（Make To Order，MTO）是不存在的，也不应该存在，否则就是走极端，采用这种生产运营模式的企业的经营效益也不可能很好。

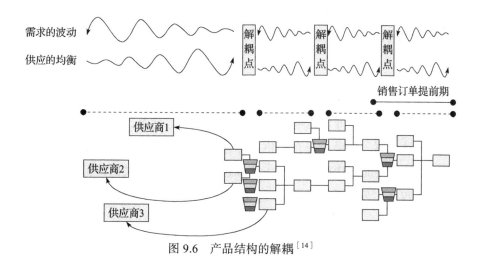

图 9.6　产品结构的解耦[14]

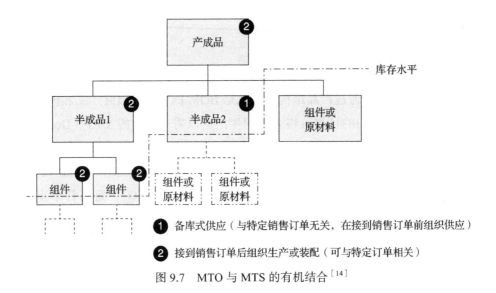

① 备库式供应（与特定销售订单无关，在接到销售订单前组织供应）

② 接到销售订单后组织生产或装配（可与特定订单相关）

图 9.7　MTO 与 MTS 的有机结合[14]

9.3.2　流程结构的解耦

对产品或服务的最终交付而言，产品结构的模块化还依赖流程结构的可变性和可配置来实现。在制造业中，大体上有这么几种生产流程结构或生产流程形式：流程式（或持续式）、重复式（或流水线式）、离散式（或批量式）、作坊式和项目式。从流程式到重复式，再到离散式，再到作坊式，再到项目式，流程的可变性越来越大，支持模块化生产的能力也越来越强。当然，越简单的流程结构，比如流程式或持续式流程结构，也越容易实现大批量生产。

如图 9.8 所示，产品的多样性、工艺的变化和生产的批量不可能完全兼顾，企业应该根据行业特点和自身需要进行取舍。比如，以模块化办公家具的生产交付为例，如果要想在提供多样化的最终产品的同时保证生产交付的批量化，就需要简化生产交付的工艺和过程；而对电梯类的产品而言，产品的样式比较多，安装和交付的工艺也较为复杂，就难以实现大批量的产品交付。

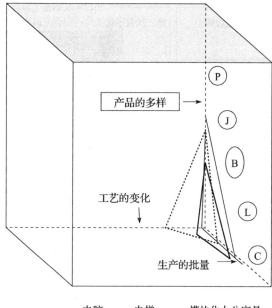

P：项目式
J：作坊式
B：离散式
L：重复式
C：流程式

产品的多样

工艺的变化

生产的批量

—— 电脑　　…… 电梯　　—— 模块化办公家具

图 9.8　流程结构的可变性

9.3.3　工厂结构的解耦

对于制造企业而言，产品结构和工艺结构的模块化还需要落实到工厂结构的模块化，即工厂结构的解耦来实现。从工厂运营管理的实践来看，我们可以认为业内主要有三种形式的制造哲学：基于人的 Know-How，比如丰田精益生产体系；基于自动化的 Know-How，比如德国的制造工业体系；基于软件的 Know-How，比如美国通用电气所谓的工业互联网。

不管是哪种形式的制造哲学，工厂设施的构成要素，包括生产线、设备、工具和员工，都需要能够解耦，能够支持模块化和可配置。实际上，在一些领先型企业，正在大力推行通用制造单元，强调员工的一岗多能，并尝试建立基于模块化工作站和模块化工艺流程的模块化生产工厂，这也可以从一年一度的汉诺威工业博览会上窥见一斑，如图 9.9 所示。

图 9.9 基于模块化工作站和模块化工艺流程的模块化生产

当前，基于工业互联网的智能制造已经成为制造业数字化建设和转型升级的主要趋势和行业共识。但是，我们不要忘了它的业务初衷，即实现规模化的客户定制、规模化的个性化产品或服务的生产交付。即使是立足当下，基于"规模定制模型思维"指导下的客户需求可配置和产品定义模块化，也是 ERP 中 MRP 有效运行的业务基础。

9.4 小结

世界上唯一不变的就是"变"。处在快速变化的时代，面向需求多变的市场，企业需要有从容应对的策略和方法，"规模定制模型思维"就是企业以简驭变的有效方略。"规模定制模型思维"中的模块化，就是将企业在标准化、重用化、开放性等原则指导下，将产品、流程、工厂等的结构进行解耦和精心设计，以获得供应链和生产各环节的标准化和规模化。"规模定制模型思维"中的可配置，则是以特征的形式将多变的市场需求予以结构化，把市场需求转化为产品或服务的功能和特性；同时，配置管理也包含了各模块之间的组合关系，不同的模块组合意味着不同功能和特性的产品或服务。这样一来，企业就可以以构成要素和模块化中的"不变"，通过模块间的组合关系实现产品或服务的功能和特性的"多变",从而满足市场和客户需求的变化。推而广之,"规模定制模型思维"不仅可用于产品(包括物理产品和软件产品)或服务的交付,也可用于企业转型、组织架构等方面的重塑,以指导企业应对快速变化的环境。

9.5　扩展阅读:柔性制造的实施愿景、逻辑与策略

智能制造的形态之一是柔性制造。所谓柔性制造,是指企业以最少的资源和资产投入,实现多样化的产品或服务,以满足多样化的客户需求。在发达的市场环境中,市场和客户需求的碎片化和不确定性已是趋势,在适应这种趋势的前提下,还要实现持续的、更大的盈利,企业需要进行柔性化改造。

9.5.1　实施愿景

不同行业的市场特点和产品形态不同,柔性制造的内涵和表现形式也不相同。基本上,柔性制造有两大类,柔性化产品或服务(Flexible Product and Service)和柔性化过程(Flexible Manufacturing Process),前者指产品或服务结构的柔性化,后者指生产过程的柔性化。

把消费品做如下三大类的划分,即快速消费品、耐用消费品和工业消费品,则以汽车为代表的耐用消费品和以工程设备为代表的工业消费品,其柔性制造主要以产品的柔性化为主,以及支持其生产制造的过程柔性化;以日用品为代表的快速消费品,其柔性制造主要以生产制造过程的柔性化为主,可能有少量的产品柔性化。在耐用消费品和工业消费品行业,客户看重的是产品的效用(功能和外观),以及包括购买、维护、回收等在内的总拥有成本是否最低;在快速消费品行业,客户除了看重产品的效用,还看重产品是否流行,购买价格是否合理。

耐用消费品和工业消费品行业数字化转型的主要方向是服务型制造。在服务型制造中，如何延长产品的使用寿命，如何将服务内容多样化，是企业考虑的重点。往往，服务型制造中产品和服务的升级需要远程操作，这主要通过产品中的软件系统来完成。

快速消费品行业数字化转型的主要方向是个体化制造。在个体化制造中，如何通过产品要素的有机组合，交付给客户以个体化产品，并尽可能地占领各种利基（细分）市场，是企业考虑的重点。

柔性化产品的技术支撑是**智能互联产品**（Smart Connected Product，SCP），如图9.10所示，柔性化过程的技术支撑是**智能互联运营**（Smart Connected Operation，SCO），上述两种技术支撑都建立在以物联网、大数据、云计算和人工智能组成的工业互联网的基础上，差别就在于侧重点不同。

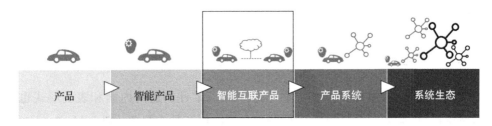

图9.10 智能互联产品（SCP）

9.5.2 实施逻辑

从不变的资源和资产，到万变的客户和需求，中间的承接和转化就是柔性制造，柔性制造的逻辑就是如何以不变应万变。

市场环境和客户需求是变化的（Change），企业运营和管理则需要有序（Conduct），要想在变化和有序之间进行有机过渡和转换，则要求企业的产品和产品的制造过程是可配置的（Configurable）。变化（Change：需求）→可配置（Configurable：结构和关系）→有序（Conduct：运营管理），这就是柔性制造的实施逻辑，如图9.11所示。

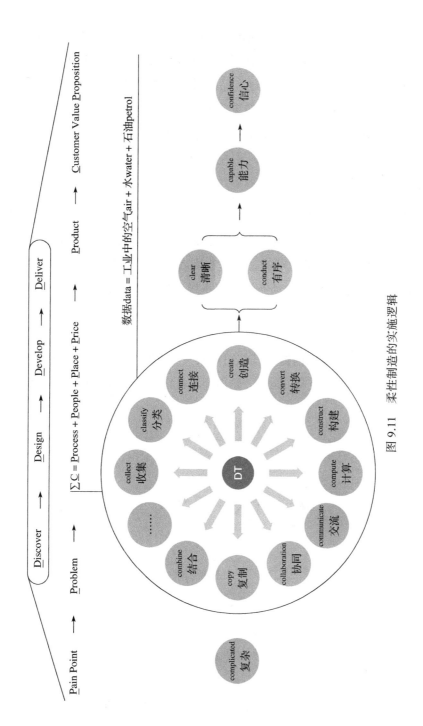

图 9.11　柔性制造的实施逻辑

由上可知，柔性制造的实施焦点就在于如何实现产品结构和制造过程的可配置。在以汽车为代表的耐用消费品行业和以工程设备为代表的工业消费品行业，产品的可配置可通过产品的模块化架构和产品的软件化、系统化来实现；制造过程的柔性化则主要通过通用作业单元、AGV传送带、智物（Intelligent Object）、服务化架构等的组合应用来实现。

9.5.3　实施策略

从系统学的角度来看，制造企业的核心对象主要有三类：资源、过程和产品。资源是输入，产品是输出，过程是转化。柔性化制造过程要求资源、设备等应是可移动或可识别的，而过程则应是可配置的，其中的支撑技术包括智物、服务化IT架构、动态适配流水线、决策算法等。

（1）智物

制造过程可配置的前提是其作用对象——资源、工具和设备的可感知、可连接、可沟通、可分类及可运算，这就要求将它们"智物"化，如图9.12所示。

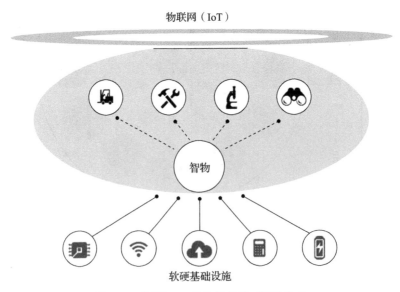

图 9.12　资源、工具和设备的"智物"化

资源、工具和设备的"智物"化，就要求它们要有"眼睛"、"耳朵"、"鼻子"、"手和腿"，甚至"脑袋"，即在物理构造的基础上加上嵌入式软件、传感器、通信模块或执行器。

（2）服务化架构

企业的制造过程主要由"硬件"和"软件"两大类能力构成。在以往的架构中，"软件"能力通常用自动化金字塔来描述。五层式自动化金字塔是多层级、集中式架构，满足不了企业能力在动态组合、实时连接、分布式运算等方面的要求，因而要进行分布式、网络化、服务化重构，如图 9.13 所示。

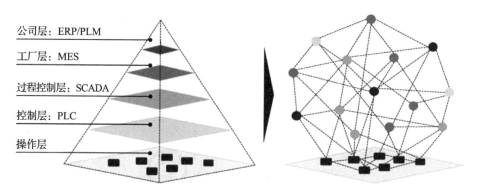

公司层：ERP/PLM
工厂层：MES
过程控制层：SCADA
控制层：PLC
操作层

图 9.13　IT 系统的分布式、网络化、服务化重构

（3）动态适配流水线

为了实现大批量、规模化生产，企业的生产作业往往采取流水线的方式来组织。如果这种流水线是刚性的，则要牺牲生产的柔性化。柔性制造的生产作业也采取流水线作业，不过它的流水线是根据产品的工艺要求进行动态适配的，即根据生产的产品不同，所使用的工具和设备也不同，在制品在作业单元之间的传输路径也不同。

如图 9.14 所示，产品的工艺路径由决策算法来推导，并下发给相应的作业管理系统，"智物"化的资源、工具或设备之间通过各自的代理进行相互沟通，工件或在制品在不同位置之间的传送则由 AGV 小车来完成。

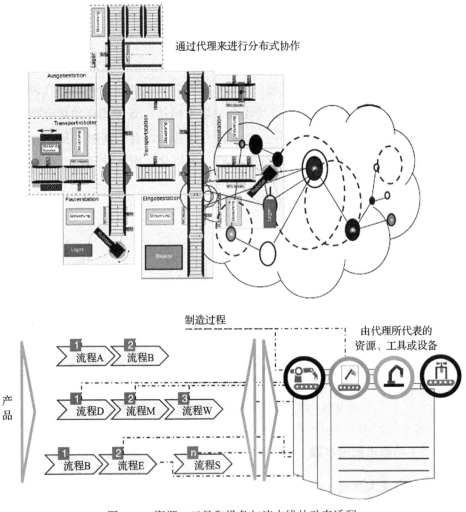

图 9.14　资源、工具和设备与流水线的动态适配

通过产品结构和制造过程的可配置，企业就可实现由智能互联产品（SCP）和智能互联运营（SCO）组成的柔性制造，从而实现服务型制造或个体化制造的转型。作为智能制造的一种形态，柔性制造的发展方向是自主制造，即实现产品、服务和制造系统的自组织和自适应。

全息信息模型思维

一花一世界，一叶一菩提。全息理论是信息学领域主要理论之一，它研究事物之间的特性和关系。全息理论认为，宇宙是各部分之间全息关联的统一整体，而所谓的全息指的是部分具有整体的全部信息，其典型代表是生物学中的 DNA。DNA 是生物细胞所携带的遗传信息，生物体的任何一个部位，都具有 DNA 的完整信息。因此，所谓的全息也具有泛在性的特点。那么，在企业的经营管理和数字化建设中，也有类似的、普遍性的特点、规律和要求吗？笔者的回答是肯定的，比如整体系统论、决策与执行的双螺旋、精益求精的组织和个人实践，等等。

全息信息模型思维框架示意图如图 10.1 所示。

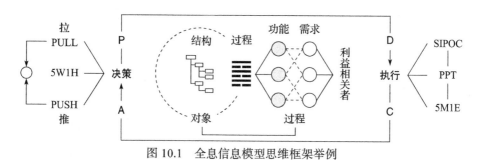

图 10.1 全息信息模型思维框架举例

10.1 整体系统论

万物皆为系统，小到单系统（system），中到系统的系统（System of System），大到生态系统（Ecosystem）。因此，整体系统论是一个普遍适用的指导体系和思维模式，它的特点是要求我们从事物发展变化的整体角度去看待事物。

现实生活中的事物是复杂的。若要完整、准确地认识一个事物系统，可借鉴系统论和整体思维的观点，从背景、功能、过程（行为）、结构等多个角度来展开。

10.1.1 背景

事物系统所处的背景（Context），是认识事物系统发展变化的大前提，而脱离背景去谈事物系统的特点、功能、行为和结构，得到的只会是一知半解，是不可能全面和准确的。在事物系统的背景认知中，其关键内容是利益相关者的识别，以及各利益相关者对事物系统的需求或利益诉求。

10.1.2 功能

为了响应和满足利益相关者的需求或利益诉求，事物系统应该具备某些特性或功能。换句话说，事物系统的特性和功能也是其存在的根本。事物系统的特性或功能是多样的，有有形的，有无形的，有物质层面的，有精神层面的，有的能够为利益相关者带来工作或生活上的便利，有的能给利益相关者带来精神上的愉悦感，等等。

10.1.3 过程

过程或行为，是事物系统实现其功能的形式。事物系统通过其行为与各利益相关者进行交互，从而将它的功能和效用发挥出来，以满足各利益相关者的需求或利益诉求。如果说事物系统的功能和利益相关者的需求分别是此岸和彼岸，那么事物系统的过程或行为就是从此岸到彼岸的路径和渡船。

10.1.4　结构

事物系统的结构，是事物系统的行为和功能之所以能够实现的物质、信息或能量基础，没有结构的存在，也不可能有所谓的行为和功能。当然，事物系统的结构也是为了服务于事物系统的行为或功能而形成和存在的。

事物系统的结构、过程、功能及其背景是一个有机的整体，如图 10.2 所示。我们可以从不同的角度来认知事物系统，但不能将事物系统的各部分进行割裂。对于那些复杂的系统，则可以按从背景到功能，再到过程，再到结构，再从背景，到功能，……，多次迭代的方式来渐进地观察和认知。对于企业实践而言，认知的目的当然是为了实现事物系统效用的最大化。

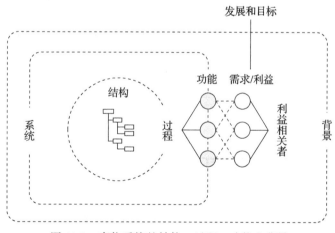

图 10.2　事物系统的结构、过程、功能和背景

10.2　决策与执行

为了实现事物系统效用的最大化，我们要以决策与执行的双螺旋结构来

指导经营管理实践活动。可以这么说，决策与执行的双螺旋结构也是企业实践的普遍性存在，企业的任何一个经营管理活动，要么是做决策，要么是做执行，决策和执行还是相互影响、相互促进的循环。认识清楚决策与执行的特点，就基本掌握了企业经营管理活动的特点和规律。

如图 10.3 所示，在决策与执行的双螺旋结构中，决策是知，是道；执行是行，是德。决策与执行的双螺旋结构讲究的是知行合一，道德互参。在企业的数字化建设中，决策关乎数据的有效应用（DKIW 模型），其目的是建立数据驱动的决策，以提高决策的质量；执行关乎流程，其目的是建立基于流程的执行和流程式组织，以实现执行的标准化、可视化、透明化、敏捷性和可配置。因此，以数字化建设的角度来看，决策与执行的双螺旋结构有赖于数据与流程的双螺旋结构来实现。

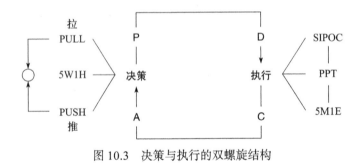

图 10.3　决策与执行的双螺旋结构

10.2.1　PDCA 经营管理循环

往简单点说是决策与执行，往复杂点说则是 PDCA 循环。PDCA，即计划、执行、检查与改进。PDCA 循环，通过四个步骤，描述了决策与执行的双螺旋结构，描述了企业中所有经营管理活动的开展形式，如图 10.4 所示。

如果从 PDCA 循环的角度来看企业的经营管理活动，我们会发现企业的经营管理理论和每天的经营管理实践，没有新鲜事，这对于那些热衷炒作经营管理新理论的大师们，对于那些热衷追逐经营管理新热点的潮人们，是一个有益的警醒。

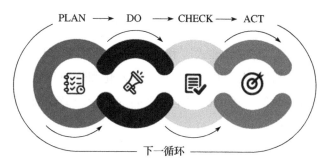

图 10.4 PDCA 经营管理循环

10.2.2 5W1H 决策考量

要把决策的那些事说清楚，难吗？好像比较难！容易吗？似乎也比较容易，无非是决策所需考量的 5W1H，即与决策有关的为什么（Why）、做什么（What）、何时做（When）、在哪做（Where）、谁来做（Who），以及怎么做或应该做得怎样（How）。对于企业的决策类活动而言，5W1H 是一个普遍性的要求和规律。

10.2.3 推式和拉式计划流

从信息的触发机制来看，企业的决策形式主要有两种：推（Push）式和拉（Pull）式。所谓的推，是企业根据过往的历史表现或经营目标要求做筹划，也就是所谓的基于预测的决策。所谓的拉，是企业根据市场的实际变化和客户的真实需求来做筹划，也就是所谓的基于需求的决策。

在企业的经营管理活动中，推式的计划和拉式的计划需要进行有机结合，单纯只用一种就是走极端，难以实现利益相关者的效用最大化。

在集成式产品研发（Integrated Product Development，IPD）中，技术要素和平台开发往往采取"推式"的组织形式，产品开发或客户定制往往采取"拉式"的组织形式。在大规模定制模式下的供应链管理和生产计划组织中，通用性零部件或半成品的采购或生产往往采取"推式"的组织形式，专用件和最终产成品的采购或生产往往采取"拉式"的组织形式。

如图 10.5 所示，通过"推式"和"拉式"决策模式和计划流的有机结合，企业可以在经营管理活动的准时化、均衡化和规模化之间得到完美的平衡，从而以最短的时间、最低的成本、最高的质量、最大的产出来响应市场的变化和客户的需求。

图 10.5　推式和拉式的有机结合

10.2.4　PPT 能力模型

决策的落实靠执行，执行的载体是企业的业务能力，业务能力的核心要素是流程（Process）、人员（People）及工具和技术（Tool and Technology），即所谓的 PPT 模型，如图 10.6 所示。

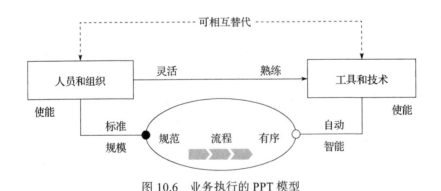

图 10.6　业务执行的 PPT 模型

流程代表业务执行的管道、过程、规范和有序。流程是业务能力的实现载体和形式，我们可以这么说：无流程则无执行。

人员、组织、工具和技术是流程的使能（Enabler）。人员与流程的结合，可以实现业务执行的标准化和规模化。工具和技术与流程的结合，可以实现业务执行的自动化和智能化。

对于流程的执行而言，人员和组织与工具和技术两类要素是可以相互替代的，工具和技术可以替代人员的部分工作。比如，自动化替代的是人的四肢，信息化和数字化替代的是人的嘴巴，智能化替代的则是人的大脑。在企业的数字化建设中，通过人员与工具和技术的有机结合，可以把人从重复性、事务性、繁杂性的工作中解放出来，去从事沟通性、融合性、创新性的工作，从而最大地发挥出人的特有价值。

10.2.5　SIPOC 流程模型

业务流程是业务能力的载体，是业务执行的路径，这就像交通体系里的道路。道路设计得好，交通运输能力就能得到大大的提升；同样，流程设计得好，业务执行的"吞吐量"（Throughout）就较大，业务系统的产出就高。好的业务流程设计始于对流程准确、完整的认知，这可以借助 SIPOC（Supplier, Input, Output, Customer）流程模型来实现。

如图 10.7 所示，SIPOC 业务流程模型把业务流程的构成要素归纳为五类：供应商、输入、过程、输出和客户。对于每一个业务流程而言，上述五类要素缺一不可。识别并认识清楚了上述五类要素，就基本可以设计出好的业务流程。

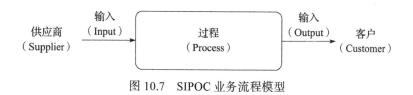

图 10.7　SIPOC 业务流程模型

10.2.6　5M1E 执行模型

业务执行的 5M1E 模型，即执行过程中的人（Man 或 Manpower）、机

（Machine）、料（Material）、法（Method）、环（Environment）、测（Measurement），是业务执行的六种要素或关键控制点，也是业务执行持续改进的着力点。

10.3　精益求精的实践

持续改进和精益求精是企业经营管理的普遍性要求和文化内涵，体现并贯穿企业的战略、管理、执行、控制、操作等经营管理活动的各个环节，以及市场、研发、采购、生产、物流、财务、人力等各个专业领域。北京大学领导力研究中心杨思卓教授在谈及德鲁克管理学思想时就认为："德鲁克之所以为德鲁克，用两句诗来说：一是梅花香自苦寒来；二是为有源头活水来。作何解释呢？梅花香自苦寒来，追求完美；为有源头活水来，善于学习。"

10.4　扩展阅读：企业数字化建设的"四化"策略

当前及未来社会发展的总体趋势就是**"快速变化"**和**"快餐化"**。

计划不如变化快，必然是未来的趋势。当今社会，人们的共识是 1 年的变化内容要远多于过去 3 年甚至 5 年的变化内容。"快速变化"的影响是多方面的，比如客户需求的变化，组织架构的调整，人事的更迭和人员的调整，人们对事物喜新厌旧，新事物的保鲜期越来越短，产品的生命周期越来越短，等等。

与"快速变化"相伴随的是人们生活方式的"快餐化"。

"阳春白雪"是稀缺的，"下里巴人"才是普遍的。如今，人们普遍没有长时间的耐心去了解或掌握一个复杂事物。换句话说，一个事物即便再好，如果（形状或界面）太复杂了，人们也没有耐心去了解它，最终将导致表面复杂的事物被社会淘汰。

在"快速变化"和"快餐化"的社会背景下，具体到企业的信息化建设领域，就要求企业的各项信息化建设项目和服务要能够"**短平快**"。

"短平快"的具体要求就是项目周期短、平稳交付和快速见效。

"短"是"快"的前提，"短"的项目周期是快速交付背景下的必然。同类项目，以前要 5 个月才能做完的，现在就要能够在 3 个月内做完；以前要 10 天做完的，现在就必须在 5 天内做完。一定要树立一个观念，今不如昔，时不我待，不要再用老的项目观念来管理今天的项目，项目观念最大的颠覆之处就是快速交付。

"平"是项目交付的有序推进和平稳运行。只有问题一大堆的项目才会"波涛汹涌"，而项目的"一帆风顺"则需要我们有完备的项目管理体系做指导和保障。

"快速变化"和"快餐化"是社会发展的必然，IT 人不能改变大环境，只能改变自己去适应大环境，改变自己就要求各项业务都能够做到"短平快"。

如何才能在"快速变化"和"快餐化"的社会背景下，以"短平快"的形式交付各项信息化服务呢？笔者认为，可以从 IT 建设工作的**标准化**、**简便化**、**精益化**和**一体化**四方面入手。

10.4.1　标准化

必须看到，企业的信息化建设已经过了"摸着石头过河"的阶段，有很多成熟经验可供借鉴。企业现在做的很多信息化项目，其实大部分是行业内的推广型项目，每个项目的共性很多。即使有个性化，其实也是局部功能的定制化和操作界面的个性化。如果企业能够做到业务设计的高标准化，就可能实现服务交付的快速复制，就可能像卖手机一样去快速、大批量交付 IT

项目和服务。

业务标准化的主要内容包括（业务需求或）业务蓝图的模板化、软件产品的平台化、项目管理的模板化和系统运行的模板化。四流的企业卖服务（人工），三流的企业卖产品，二流的企业卖体系（模板），一流的企业卖技术。当前，很多企业虽然还做不到技术上的领先，但可以在体系化（模板化）上动脑筋。

在实际工作中，IT员工经常花大量时间去与业务讨论需求，其实很多需求站在行业的角度看基本都是一致的。如果有业务蓝图模板，就只需与业务确认模板的适用性，而不需要花大量的时间去讨论边边角角的需求，这样就能大大缩短项目交付周期，并降低项目交付成本。

5W1H中，不同的企业可能5W不同，但1H具有很多类似性；也就是说，从运行模式上讲，企业与企业之间不会有根本的不同，按笔者的看法，不同行业的企业之间至少有50%是相同的，同行业的企业之间至少有80%是相同的，真正不同的只是大家的运营效率。

因此，IT人员不要被业务需求的表象所迷惑，而要透过现象看本质，从"异"中找到"同"，求同存异，方能执简御繁，这才是IT建设的根本出路。为此，IT团队必须加快各类（业务需求或）业务蓝图模板、软件产品平台化设计、项目交付管理模板和系统运行模板的开发，这样才有可能通过标准化实现快速复制和快速交付。

10.4.2　简便化

IT人员不要以业务复杂、功能模块多等为借口，也不要走"复杂"的极端，而应该寻找各种途径逐步实现系统的简便化。信息系统的简便化又包含这样一些内容：**自动化**、**简单化**和**移动化**。

业务数据为什么一定要人工录入呢？为什么不能通过自动采集等手段自动获取呢？物联网的实质除了感知外，其实还有一个内容是数据的自动获取，数据的自动采集是一方面，数据的自动加工是系统自动化的另一个方面。从数据到信息，从信息到知识，从知识到决策，从决策到行动，其背后的逻辑就是算法，大数据的"大"不是数据量有多大，而是数据的自动加工和处理，其背后的实质是能够发现业务问题的算法。

一个少人工干预，甚至零人工干预的系统才能称之为自动化系统，其实现途径就是数据获取的自动采集和数据加工的算法（大数据）。

简单化则是对系统界面的要求。苹果手机的关键成功因素之一就是其界面的简单化，微信的界面设计也是如此。IT人员不要试图强迫别人（终端用户）去接受复杂的系统，而应该通过简单化设计去迎合用户的本性诉求。

移动化则从使用场合上简化了系统对用户的约束。一机在手，说走就走，那是因为手机里有相应的App。系统客户端的移动化设计迎合了用户对系统可获得性上的简便性要求。

10.4.3　精益化

没有最好，只有更好，更好的实质是"适用"。反观很多企业的IT系统，界面太复杂，给用户展现太多不必要的模块；反观很多企业的IT项目，给用户太多不必要的培训，给用户讲述太多高大上的理念而不能落地。

浪费可耻。同样，交付用户一个冗余的系统，推送给用户用不到的模块也是浪费，也是犯罪。IT人员在项目实施中，老是抱怨业务部门的最终用户变化太频繁，用户接受培训的时间太少。为什么不想想，用户为什么要花那么长的时间接受培训？笔者看到的很多系统，用户其实操作的功能也就那么几个。一个"搬砖"的人，不能一开始就学习如何"设计房子"，这是项目实施中的一种浪费。

企业的项目实施应该遵循"即需即供"的原则，即在当前的背景下，提供业务用户当前需要的信息和内容，不要做过度的培训、过度的解释、过度的讨论等。

10.4.4　一体化

一体化有两层含义，一个是系统设计的"所见即所得"，一个是项目实施过程中"虚拟验证"和"实物验证"的一致。

"所见即所得"是系统设计的原则之一。IT 系统设计要符合常规，符合用户的操作习惯，数据的录入要尽可能与手工录入（比如 Excel 处理）相一致，数据的展现要与目视看板相一致，这样才便于用户理解和接受。

IT 项目实施中，进行各种测试的根本目的就是验证系统正常运行中的各种问题，可有的系统正式上线后还是会出现这样那样的问题，根本原因还是企业业务的基础管理和 IT 的项目管理水平不行。在"快速变化"的背景下，系统测试或"虚拟验证"是非常重要的，在系统测试还不完善、不可靠的情况下，要努力提高系统测试和"虚拟验证"的水平。

一个团队，只有善谋、善断、善做，才能发挥出超高的战斗力。

善谋，就要求团队能知微见著，谋万事于无形。项目风险管理很重要，如果 IT 项目组编制不出项目风险管理计划，反而说明项目组对如何做好这个项目还存在很多盲点。项目风险策划就是要帮助团队找到项目中的盲点。预则立，不预则废；磨刀不误砍柴工；说的都是这个道理。可很多 IT 团队现实的问题是不"磨刀"就直接砍柴，这是匹夫之勇，很有可能好心干坏事，让项目工作推倒重来，很多企业已经有类似的教训了。

善断，就是因需而变、与时俱进。在合适的场合，提供合适的解决办法，即需即供，不做丝毫的无用功。选择比努力更重要，正确的选择就是当前最适合企业和业务部门的选择。

善谋、善断讲的都是如何未雨绸缪，如何做好"虚拟验证"。

取象比类模型思维

"取象比类模型思维"，又称"取象思维"或"意象思维"，是指在观察事物获得直接经验的基础上，运用客观世界具体的形象及其象征符号进行表述，依靠比喻、象征、联想、类推等方法进行思维，反映事物普遍联系及其规律性的一种思维方法。大体上，我们可以从思维方法及其运用价值的角度来认识"取象比类模型思维"，如图 11.1 所示。

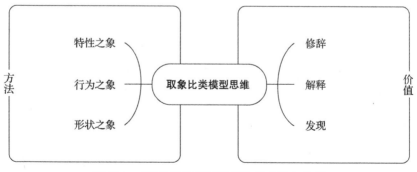

图 11.1 "取象比类模型思维"的方法与价值

11.1　方法

"取象比类模型思维"的本质是通过已知、熟悉或具体的事物去类比未知、陌生或抽象的事物，从而认识后者发展和变化的规律，其中的媒介就是"象"，而"象"则是某种特定形式的信息。在"取象比类模型思维"中，作为信息形式和认知媒介的"象"，又可分为特性之象、行为之象和形状之象。

11.1.1　特性之象

特性之象指的是以分类法所得出的事物的特性。中医药中讲究药材的"四气五味"，即中药所表现出的寒、凉、温、热等四气和酸、苦、甘、辛、咸等五味。寒凉药多具清热、解毒、泻火、凉血、滋阴等作用，主治各种热症；温热药多具温中、散寒、助阳、补火等作用，主治各种寒症。在药味方面，辛味药能散，酸味药能收，甘味药能缓，苦味药能坚，咸味药能软。根据每种药的气和味，基本就可以知道它的用途，这就是通过其特性之象来认知事物的变化和功能。

11.1.2　行为之象

行为之象指的是根据事物的行为特点或模式来认知事物的变化。在《道德经》中，老子以水、山谷、风箱、植物等来类比和解释"德"的特点和内涵。尤其是"上善若水，水善利万物而不争，处众人之所恶，故几于道，居善地，心善渊，与善仁，言善信，政善治，事善能，动善时"等句，被公认为《道德经》的名句和精华。老子之所以用水、山谷等事物来类比和解释"德"，是因为老子心中的"德"在行为模式上与水、山谷等事物具有类似之处。通过它们之间的行为之象来类比，可以让读者通过水、山谷等具体的事物来认知超级抽象的"德"。

11.1.3　形状之象

形状之象指的是根据事物的外观形状来认知事物的特点。以中医为例，核桃仁的形状与人脑相似，所以人们认为核桃仁能补脑；腰果的形状与人体的肾相似，所以人们认为腰果能补肾；川芎的外形像藤蔓，所以人们认为川芎能活血化瘀、行气止痛。

在上述三种取象方法中，行为之象最常用，笔者也称之为行为建模或功能建模。

11.2　价值

从运用价值的视角看，"取象比类模型思维"主要有以下几种用途：修辞、解释和发现。

11.2.1　修辞

修辞就是好好说话，说有意境、有代入感的话。如果要表达一个人在荒凉环境下寂寞、苦闷的心情，普通人可能会说："这里非常非常非常的荒凉，本人非常非常非常的苦闷"；如果换成元代的马致远，人家会说：

枯藤老树昏鸦，小桥流水人家，古道西风瘦马。夕阳西下，断肠人在天涯。

在上文中，枯藤、老树、小桥、流水、古道、西风、夕阳、西下、天涯等词汇的意象是类似的，都表达了一种苍凉的意境；昏鸦、人家、瘦马、断肠人等词汇的意象是类似的，都表达了一种寂寞、苦闷的心境。把它们组合起来使用，可以起到意境重重叠加的效果，不仅表达力和感染力强，而且蕴意比"非常非常非常"之类的词汇高太多。

如果学会了"取象比类模型思维"，那么下次有人问："你有多愁呀？"可以回答他："恰似一江春水向东流"。

11.2.2　解释

通过"取象比类模型思维"，我们可以用近处、已知、熟悉或具体的事物及其变化规律来解释远处、未知、陌生或抽象的事物及其变化规律。

"取象比类模型思维"的解释功能，也可以理解成"打比方"。实际上，很多优秀的文学、艺术作品里都有大量基于"取象比类模型思维"的"打比方"。比如，《庄子》中把人的想象力比喻成鲲鹏，《西游记》中把人的意念比喻成孙悟空、把人的欲望比喻成猪八戒，《少年派的奇幻漂流》中把人的念头比喻成老虎，等等。通过"取象比类"式的打比方，抽象的东西就变得更形象，玄妙的东西就变得更直观。

11.2.3　发现

与归纳、演绎等形式逻辑相比，"取象比类模型思维"的价值在于发现，而不在于证明。或者更具体点来说，"取象比类模型思维"的价值之一是其创新性，是点燃人们思想之火的火花。

瓦特看到炉子上水壶里的水蒸气冲击壶盖，继而发明了蒸汽机；牛顿坐在苹果树下被苹果砸中，继而发现了万有引力；人们观察鸟的翅膀，继而发明了飞行器的机翼；工程师借鉴鲨鱼的背鳍和鲸的外形，继而设计出可以快速航行的潜水艇等，都是"取象比类模型思维"在科学发现和发明中的典型应用。甚至可以说，如果我们能够熟练运用"取象比类模型思维"，创新思维就有了活水源头，所谓的"金点子"就会层出不穷。

人类的智慧来源于观察和实践。在实际工作中，我们可以借助"取象比类模型思维"来发现规律，来获得灵感，然后再用归纳等形式逻辑和工程实验来验证我们的发现和灵感，从而可以大大提高我们发明、创新和创造的能力。

11.3　举例

上文中，我们主要是从文学、艺术、中医等角度来认识"取象比类模型思维"。接下来，我们再从经营管理和数字化建设的视角，通过"城市规划之于企业架构""歌曲创作之于产品研发""水库模型之于 JIT 生产"等例子，进一步理解和领悟"取象比例模型思维"的特点和用途。

11.3.1　城市规划之于企业架构

在数字化建设中，企业架构是所有数字化工作的指导蓝图，但要把企业架构的重要意义说清楚，尤其是让股东、管理层、项目组等利益相关者完全理解和接受是比较难的。借助"取象比类模型思维"，我们可以借用城市规划的内容、特点及其对城市建设的重要性和指导意义，来解释企业架构的内容、特点及其对数字化建设的重要性和指导意义。

如图 11.2 所示，城市规划首先要考虑的是城市的功能布局，比如商业区、住宅区、科教文化区等功能区域的布局，而这些都来自城市定位和发展目标的要求。同样，在企业架构中，企业所采取的业务战略和策略、发展目标决定了企业业务能力的组合。

另外，为了支持城市功能的实现，城市规划还需要系统地考虑城市中各功能块的通信、电力、自来水、燃气等的供应。类似，为了支撑各业务能力的有效运行，企业架构中的技术架构需要系统地考虑业务能力之间的数据交换和信息通信，如图 11.3 所示。

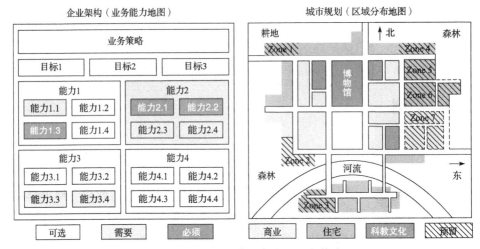

图 11.2　城市功能布局与企业业务能力

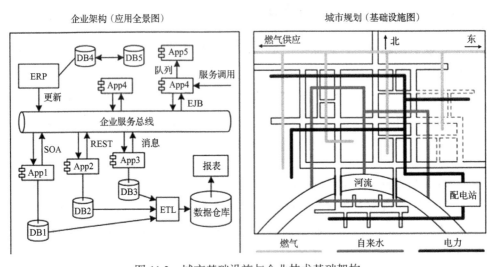

图 11.3　城市基础设施与企业技术基础架构

在这个例子中，城市规划和企业架构之所以能够类比，是因为两者具备以下共性：

（1）都属于某种形式的社会技术系统（Socio-Technical System）；

（2）都需要兼顾长期可持续发展和短期目标；

（3）都是功能服务于定位，基础架构和设施决定了长期可持续发展；

（4）都是一边发展，一边建设。

企业架构比较抽象，人们往往把它理解为 IT 部门的专业事务，如果就企业架构谈企业架构，很多人可能不愿意听，也可能听不懂。但是，大家基本都生活在城市，对城市规划的好坏有切身的体会，通过城市规划来说企业架构的那些事，比较容易说得透，说得具体，说得让人懂。

11.3.2　歌曲创作之于产品开发

歌曲创作和产品开发具有很多类同之处。比如两者都需要触及灵魂的创新；本质上都是"道生一，一生二，二生三"；交付成果都是"配方"，后续还离不开演奏者或生产者高质量的工作。

借助"取象比类模型思维"，将产品开发与歌曲创作作类比，尤其强调的是产品开发中如何向歌曲创作学习创新。在歌曲创作中，我们说要有触及灵魂的体验和创作；在产品开发中，我们强调的是产品或服务的功能要站在用户的角度，要从同理心出发去理解和发现用户的痛点，如图 11.4 所示。很多时候，发现问题比解决问题更重要。

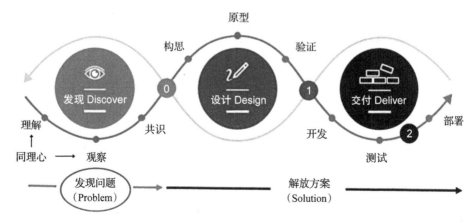

图 11.4　创新设计思维的 3 个阶段 9 个步骤

11.3.3　水库模型之于 JIT 生产

JIT 生产的主要目的是消除浪费，而其核心途径是"一个流"的生产。生产过程中的"流"，包括原材料流、在制品流、半成品流和产成品流。每一个"流"都有流入（供应）和流出（消耗），流出拉动流入，处于流出和流入之间的是各种库存。如果能把库存降低并始终保持在最小单元，也就是所谓的"1"的状态，而整个生产系统都保持匀速流动，这就是最理想的精益状态。从"流"（流入、流出、匀速）的角度看 JIT 生产，企业的生产系统就像一个个串在一起的水库。

如图 11.5 所示，在水库模型中，关键的控制点是"阀门"，包括"流入阀门"和"流出阀门"。在 JIT 生产模式中，"流入阀门"控制的是供应，"流出阀门"控制的是需求，控制好"流入阀门"和"流出阀门"的阀门开度和打开时间，就可以控制各种"流"的流量和速度。同样，控制好 JIT 生产中各种"流"的需求和供应，实现理想状态下的"单件流"，就可以实现最大精益。

综上所述，讲故事，讲好故事，讲有观点、有新意的故事，是"取象比类模型思维"可以带给我们的启示和智慧。

11.4　扩展阅读：数字化工作者的知识体系

子曰："朝闻道，夕死可矣！"又曰："学而时习之，不亦说乎！"作为 IT 知识工作者把对知识的求索，当作日常生活的主要内容。到了当代，管理大师德鲁克明确提出：组织的主要成员是"知识工作者"。而彼得·圣吉更是提出了"学习型组织"的组织发展目标。

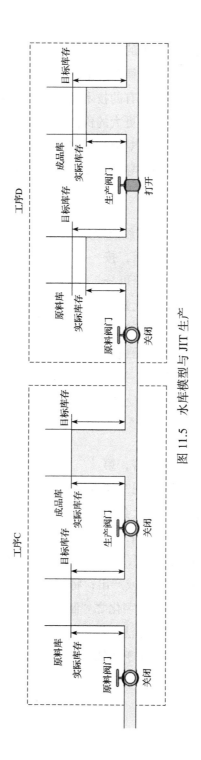

图 11.5　水库模型与 JIT 生产

数字化工作者可能是最辛苦的知识工作者群体。一方面，数字化工作者的知识保鲜期很短，在"摩尔定律"的推动下，很多数字化技术从诞生到淘汰，可能还不到十年的时间，原有的技术还没有完全掌握，又面临着新技术的学习。另一方面，要想发挥出更大的价值，数字化工作者不仅要精通数字化技术，还要熟悉数字化的服务对象——组织逻辑和业务知识，而后者无疑是一片巨大的知识海洋，有的领导甚至要求，数字化工作者要比业务人员更懂业务。

面对知识的海洋，庄子就曾经感叹过："吾生也有涯，而吾知也无涯"。知识是学不完的。如图 11.6 所示，按专家的说法，对个人而言，知识可分为三大类：我知道我知道的，我知道我不知道的，以及我不知道我不知道的。尤其是第三类，简直就像无边无际的宇宙。因此，对大家而言，关键还是掌握好第一类，并尽量缩小第二类。

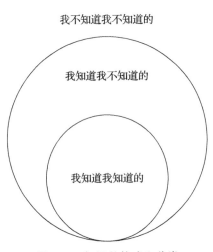

图 11.6　知识的构成和分类

那么，对数字化工作者而言，第一和第二类知识主要有哪些呢？这个答案可以从数字化工作的社会定位和工作内容中寻找。如图 11.7 所示，"不易"的是数字化之"道"，是数字化的宗旨和追求；"变易"的是数字化之"器"，是数字化的效果或产出；将"不易"和"变易"予以贯通的是"简易"，笔者将之命名为数字化之"制"，这也是数字化工作者的主要工作内容。如果按上述知识的分法，数字化之"道"应该属于我不知道我不知道的；数字化之"器"应该属于我知道我不知道的，包括企业的产品或服务特性、企业的商业模式等；而数字化之"制"则必须是我知道我知道的部分。

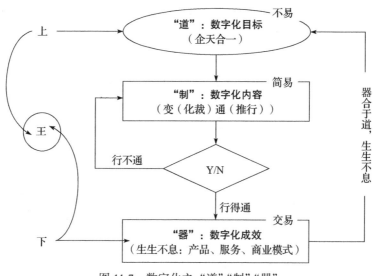

图 11.7　数字化之"道""制""器"

数字化之"制"是一个高度抽象的说法，为了掌握它，我们还需要对它做进一步的剖析。"简易"或者说数字化之"制"的主要内容是"变通"，即所谓"化而裁之谓之变，推而行之谓之通"。"变通"虽然比"简易"或"制"的含义更形象，但还不够具体。按笔者的理解，"变通"或者说数字化之"制"的主要内容是组织的 PPT，即流程与活动（Process and Activity）、人员与组织（People and Organization）、技术与工具（Technology and Tool），以及以数字化角度来表述的数据、算法和模型（Data，Algorithm and Model）；换句话说，上述四者构成了数字化工作者知识体系的主要组成部分，属于"我知道我知道的"部分，是数字化工作者要做好本职工作所必须掌握的知识，如图 11.8 所示。

流程与活动表示了事物发展演变的过程，即什么时候做什么事、怎么做，以及它的输入和输出，它们概括了业务知识的通用形式。表面上，所谓的业务知识包括产品研发、生产计划与控制、供应链管理、销售和分销、财务与成本、人力资源等，但它们都有一个通用性的运行逻辑或管理要求，即流程化。以流程化的视角来看业务知识，它们无非是各种流程和活动的集合，所不同的是，针对不同的业务或职能领域，流程的目标、输入或输出会有所不同。

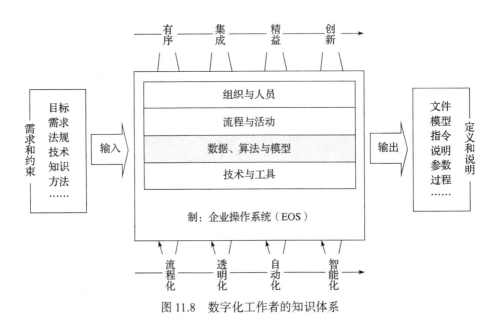

图 11.8　数字化工作者的知识体系

组织与人员代表了事物发展演变时的主体，即谁或哪个岗位来做这件事，他或她应该具备什么样的任职资格或胜任力，如果能力不够应该如何培训和提升，以及不同人员或岗位之间怎么协作和相互支持，工作的好坏或绩效如何评价，等等。需要特别指出的是，数字化工作主要由跨专业、跨部门的矩阵式团队来完成，项目是这类组织的主要组织形式，因此，项目管理是数字化工作者的必修课。

技术与工具是人们按照流程的要求进行相关活动的方法、逻辑或借助，是格式化、可复用的知识或能力。以工具为例，包括生产设备、工装夹具、检具、Word/CAD/CAE 软件、办公电脑等。而技术则包括企业的 Know-How，或者类似于鱼骨图、价值工程、TRIZ、FEMA 等之类的工作方法。

流程与活动、组织与人员、技术与工具必须融合成一个有机的整体，这就需要通过数字化来实现。如果说流程与活动、组织与人员、技术与工具主要是业务层面的事情，如果它们在融合时有什么困难或问题，那我们就要把这些业务问题转化为数字化的问题，也就是数据、算法和模型的问题。换句话说，流程与活动、组织与人员、技术与工具的融合是数字化的工作对象，而数据、算法和模型则是数字化的工作方式。因此，数字化工作者必须具备数据、算法和模型方面的知识，比如产品如何定义，产品 BOM 如何组织，预测用的线性回归算法，等等。只不过，很多时候上述内容都具象并固化到 ERP、PLM、CRM、MES 之类的管理软件中去了。但我们一定要清楚，ERP、PLM、CRM、MES 之类的管理软件，只是"指月之指"，并不是"月"本身；换句话说，对于数字化工作者而言，掌握 ERP、PLM、CRM、MES 等管理软件还远远不够，还应熟知它们背后的工作环境和工作机理，即流程与活动、组织与人员、技术与工具，以及数据、算法和模型。

通过数据、算法和模型，我们可以把流程与活动、组织与人员、技术与工具予以虚拟化并融合成一个有机的整体，一个类似于计算机操作系统的整体，笔者将之称为"企业操作系统"（Enterprise Operating System，EOS）。通过这个"操作系统"，我们可以沿着流程化→透明化→自动化→智能化的进化路径，把企业建设成为有序、集成、精益和创新的组织，也就是所谓的智慧型组织。

第 12 章 | Chapter 12

制造运营模型思维

无农不稳，无工不富，无商不活。一个国家或地区的财富创造主要靠制造业，而财富创造的方法和效率则有好坏之分、高低之别。为了更好、更高效地创造更多的财富，人们开发了各种各样的管理体系和方法。可以这么说，世界制造业的发展史，也是一部管理科学和管理实践的演变史。如图 12.1 所示，从标准化大规模生产，到科学管理、操作研究、科层制、目标管理，再到流程再造、全面质量管理、全员设备保全、MRP/ERP、JIT、精益生产、TOC、6 Sigma、柔性制造，再到智能制造和工业互联网，无一不是源自制造业，再向金融、交通等其他行业推广和应用。

做好制造很难吗？似乎不难，毕竟现代制造的发展已经有几百年的历史，又有这么多管理体系、方法和案例可供使用和借鉴。尤其在某些人看来，与金融等虚拟产业相比，制造是与实物打交道，都是些实实在在的东西。做好制造容易吗？其实也不容易，至少大多数制造企业的管理水平和实践效果，与丰田汽车等最佳实践相比，还有非常大的差距。笔者说做好制造不容易，其实还有以下几个原因：

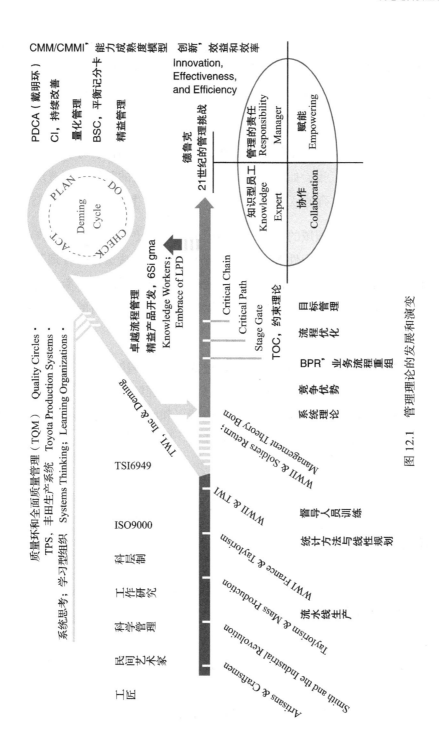

图 12.1　管理理论的发展和演变

其一，制造现场是企业中各种问题的集中爆发点，研发环节所导致的问题，市场营销所导致的问题，采购供应所导致的问题，财务、人力等支持部门所导致的问题，最终都会在制造现场集中爆发出来，制造现场就像是制造企业的"火药爆炸场"。

其二，制造现场是典型的耗散结构，多样性、异构性、可变性、不确定性等，在制造现场汇集。如果这些因素没有得到有效的管治，制造现场很容易从有序走向无序，奔波疲命于"救火"，就会成为生产管理者的常态。

其三，制造运营领域的很多绩效指标的达成，比如批量生产与产品多样化、设备高利用率与可变性等之间是相互冲突的，制造运营的管理不存在全面最优，只有基于矛盾平衡的整体相对次优。而且，矛盾的平衡是动态变化的，此阶段是一对矛盾的动态平衡，彼阶段是另外一对矛盾的动态平衡，永远没有一劳永逸的解决方案。

对于数字化从业人员而言，要想通过数字化来解决制造运营领域存在的问题，我们就要充分理解制造运营的特点，充分理解问题的表现和根源，尤其要善于从整体和系统的视角来看待这些特点和问题，这正是制造运营模型思维的可贵之处；否则，所谓的工业互联网，所谓的智能制造，只会是技术的简单堆叠或夸大宣传。

参考如图 12.2 所示的制造运营模型思维框架，我们可以从制造的本质、结构的定义、资源和使能、体系和方法、度量和绩效五个维度来理解制造运营的管理特点。

12.1 制造的本质

制造的本质是转化，即企业根据市场和客户的订单需求，在资源和使能的支持下，把原材料转化为最终产成品的过程。如图 12.3 所示，转化的具体内容和活动有加工、移动、排队、匹配、成批等。

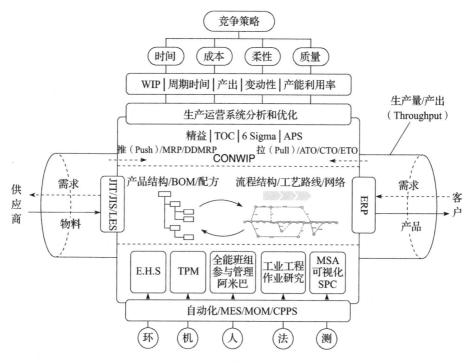

图 12.2　制造运营模型思维的框架

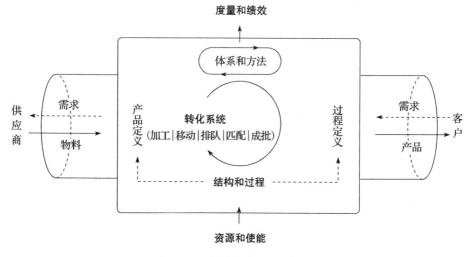

图 12.3　制造的本质——转化

加工，是指通过某些加工或处理工艺，把原材料加工处理成半成品或产成品。以离散型制造业为例，典型的加工工艺有铸、锻、车、铣、钻、刨、研、磨、珩，以及正火、渗氮、喷沙、电镀等表面处理或热处理工艺。在材料利用方面，传统的加工工艺是对原材料做减法，而增材制造或 3D 打印则是做加法。

移动，主要指原材料、工件等在制造现场的运输和流动。

排队，指的是生产订单的优先级排列，以及制造现场中工件等待设备的加工或者设备等待工件的到来时工件的队列安排。

匹配，主要指不同原材料或半成品根据产品物料清单的结构进行品种和数量上的匹配，或者原材料与工件根据工艺路线的要求，进行处理位置的匹配。

成批，指的是为了实现作业的规模化，原材料的采购批量、工件的搬运批量，以及半成品或产成品的生产批量的形成。

12.2　结构的定义

从原材料到产成品的转化过程，要按照一定的结构、关系、技术等要求进行，这就是所谓的产品定义和过程定义。

常见的产品定义有制造物料清单（Manufacturing Bill of Material，MBOM）或配方，而过程定义则主要指制造工艺路线。制造 BOM 和工艺路线的组合又称为生产版本。

制造 BOM 是面向制造的产品结构定义，是从制造活动的标准化、作业顺序、可执行性、物流配送等角度出发来设计的，这与面向功能来定义产品结构的工程 BOM（Engineering Bill of Material，EBOM）有着本质的区别。在采用混合式计划体系的制造业务中，拉（Pull）和推（Push）解耦点的定义，也将影响制造 BOM 的结构。

制造 BOM 的定义与工艺路线的定义是相互影响的。如果采用一条流水线式作业，则制造 BOM 通常只有二层（成品和组件）；如果有分装工位或分装线，则制造 BOM 的结构将是多层的。至于是否采用分装工艺或分装线，又与生产节拍、工厂布局等要求或因素有关。

总之，产品定义和过程定义是制造运营管理中最基本的数据结构，它们从根本上决定了制造运营的效率，需要在产品开发环节予以系统考虑，即所谓的面向制造的产品开发。人们之所以常说产品的成本、质量等管理要求的 80% 以上是由产品设计开发环节决定的，其实说的也是产品定义和过程定义对制造运营的重要性。

12.3　资源和使能

制造的转化过程需要借助相应的资源，按一定的作业逻辑，在有关使能的支持下进行，这就是所谓的人、机、环、法、测。为了提高制造作业的效率和水平，针对不同的资源和使能，人们开发了相应的专业性管理体系和方法，如图 12.4 所示。

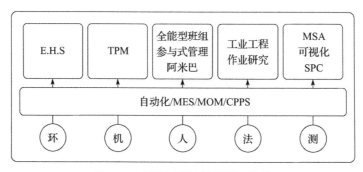

图 12.4　制造运营中的资源和使能

在人员方面，有所谓的全能型班组、参与式管理、阿米巴等。全能型班组指的是生产一线作业人员在技能上的多样性。人员的一岗多能，是柔性生产的必要组成，是企业应对变动性和不确定性的必要举措。参与式管理则是让全员参与到制造运营的管理中，充分发挥员工的积极性和创造力，其代表形式有合理化建议和员工提案。阿米巴则是从经营的角度，将企业文化和管理会计推进到生产作业一线，前者称为经营哲学，后者称为经营实学。

在机器方面，主要是全面设备保全或全员生产维护（Total Productive Maintenance，TPM），其目的是通过合理的设备使用和维护，在完成当前生产任务的同时，尽可能延长设备的使用寿命，从而将设备的使用价值最大化。

在方法方面，主要是基于工业工程的作业研究（Operation Research）。在制造运营管理中，作业研究有着非常悠久的历史，其目的是实现生产作业最优化基础上的标准化，其主要输出是标准作业流程（Standard Operation Procedure，SOP）、工时定额等。

在环境方面，主要指生产现场的环境、健康、安全等方面的管理（Environment，Health，Safety，E.H.S）。随着社会和经济的发展，人们对环境、健康、安全等方面越来越重视，尤其在钢铁、化工、制药、食品等行业，环境、健康、安全等方面决定了企业是否能够可持续发展。

在测量方面，主要指通过计量器具、数字化等手段，对生产过程进行实时监控，当出现意外时进行报警并及时采取人工干预。测量方面的管理体系和方法主要有测量系统分析（Measurement Systems Analysis，MSA）、统计过程控制（Statistical Process Control，SPC）、生产运营的可视化和透明化等。

12.4　体系和方法

前文讲到的阿米巴、TPM、OP、MSA、SPC 等管理体系和方法，分别为人、机、法、环、测等资源和使能服务，主要针对的是某个局部或某个领域。除此之外，企业还需要有系统性、整体性的管理体系和方法，从全局的角度来指导企业的制造运营实践。如图 12.5 所示，在制造企业中，系统性的管理体系和方法主要有精益生产、6 Sigma、TOC、ERP（MRP/DDMRP）、APS 等。

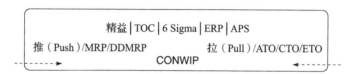

图 12.5　系统性的制造运营管理体系和方法

企业资源计划 ERP，虽然名称中有"计划"二字，具体到制造企业的制造运营实践中，ERP 的主要作用是财务核算和信息共享，其计划功能其实比较弱，或者说大部分是不实用的。究其原因，ERP 中以 MRP 为主的计划功能，是以提前期为主要计划依据，实行的是无产能限制的计划，与有限产能、要素多变的制造运营实践是不相符的，除了面向少量通用件的采购计划具有可行性外，即使是销售预测有一定的准确度，MRP 运行结果的实际指导性也很差。

作为 MRP 的改良，需求驱动的 DDMRP（Demand-Driven MRP，DDMRP），是在重订货点计划法的基础上，通过绿、黄、红三种安全库存水平的动态切换，来寻求推式计划和库存控制之间的平衡，基本上抛弃了传统 MRP 的大部分计划逻辑。

基于 MRP 的"推"（Push）式和基于 JIT 的"拉"（Pull）式，是制造企业中常用到的两种信息流产生形式。"推"式信息流产生机制主要用于少量的通用件采购和通用性半成品的生产，"拉"式信息流产生机制主要用于专用件或产成品的生产供应。通过大量企业的实践证明，基于有限数量在制品（Constant WIP，CONWIP）的"推"式供应与"拉"式供应的有机结合，是一种比较好的信息流产生机制和供应形式。

高级计划排程 APS，则是在计划、排程等功能方面，对传统 ERP/MRP 的补充。在多品种、小批量的制造运营模式中，APS 的应用有一定的必要性和价值性。不管是采取遗传算法，还是 TOC 算法，APS 都是对人工计划和排程的一种辅助或替代，但 APS 的有效运行对生产作业的标准化和制造运营过程的实时可视化提出了更高的要求。如果企业做不到这几点，APS 计划和排程的结果就要做大量的手工调整，那还不如手工式计划和排程。

精益生产的主要目的是消除浪费，其核心理念是拉动式生产和"单件流"（One Piece Flow）。在消除浪费方面，精益的理念和做法确实能够起到很大的指导作用，但是，所谓的完全精益并不能保证企业整体效益的最优，尤其是"单件流"作业，虽然能够减少生产周期时间并缩短交货周期，但并不能保证产出量的最大化。

TOC，也就是所谓的约束理论或约束管理，是从消除瓶颈工位等制约因素，或者说提升瓶颈工位的生产能力入手，组织各种生产作业活动。TOC 的应用能够一定程度地帮助企业提升产出量，但不一定能帮企业把库存降低到合理值。

6 Sigma，是借助统计学的方法，通过消除各种生产作业的偏差（输入偏差、过程变差和输出偏差），保证制造运营系统的稳定性，从而实现生产过程和产成品的高质量。企业中 6 Sigma 的推进，其天敌是制造运营中的各种变异，而其中有些变异是必要的，比如产品品种的多样化。

如上所述，ERP、APS、精益、TOC、6 Sigma 等管理体系和方法，虽然都是从企业的制造运营全局去考虑，但还是有各自的侧重点和局限性，它们之间无法相互替代，而是应该相互结合来使用。

12.5　度量和绩效

没有度量就没有管理。从管理的角度看，任何一个事物、任何一个系统，都要对其绩效进行度量，这样才知道孰优孰劣，也才知道改进的方向。通常，对一个制造运营系统而言，我们可以从时间、成本、柔性、质量等方面进行度量，但这其实是一句正确的废话。霍普（Wallace J. Hopp）和斯皮尔曼（Mark L. Spearman）在他们的著作《工厂物理学》里告诫我们，时间、成本、柔性、质量等几个维度的绩效目标其实是相互冲突的，如果只停留在这个层面去做制造运营系统的绩效改善，就很有可能顾此失彼，甚至分不清楚到底哪个是"西瓜"，哪个是"芝麻"。

如图 12.6 所示，如果要想降低制造成本，企业就要提高资产或设备的利用率，并降低库存和生产中的可变性（目的是实现生产的规模化）。但如果从销量的角度看，要想提高销量就需要提高客户服务质量和满意度，常用的做法是快速响应订单需求和丰富产品的品类，这又需要制造系统有高可变性、高库存和低的设备利用率（以应对各种变化和异常）。实际上，很多制造企业的实际运营就是在上述矛盾和冲突中做各种取舍，也说不清哪种取舍对企业而言是整体最优的。在笔者接触过的很多企业中，销售部门希望增加产品的品类，而生产部门则希望削减产品的品类；财务部门要求提高设备的利用率，而生产车间则要求留足设备空闲，以应对生产任务的不确定，比如客户的改单或插单等。

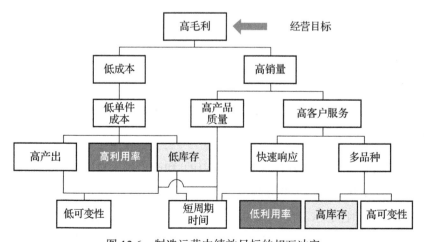

图 12.6   制造运营中绩效目标的相互冲突

为了从企业获利最大化的整体角度来平衡上述矛盾，《工厂物理学》建议企业从如图 12.7 所示的在制品数量（Work In Progress，WIP）、周期时间（Cycle Time，CT）、产出量（Throughput，TH）、可变性（Variability，V）和产能利用率（Capacity Utilization，U）五个角度或变量来考虑制造运营系统中的目标平衡和绩效优化，并以工厂物理学第一定律和第二定律为代表，建立了上述变量之间的数学关系式，以指导制造运营系统的优化活动。

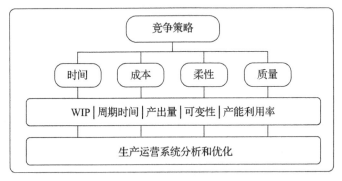

图 12.7　制造系统的变量选择和绩效优化

工厂物理学第一定律（利特尔法则）：

$$CT = WIP/TH$$

工厂物理学第二定律（VUT 方程）：

$$CT(q) = V \times U \times T$$

工厂物理学的具体内容可参见霍普和斯皮尔曼的合著——《工厂物理学》。

以周期时间（CT）、在制品数量（WIP）和产出量（TH）为例，如图 12.8所示，如果 WIP 减少，CT 将减少，但 TH 也会减少，而企业的经营目标是既要减少周期时间（CT），又要提升产出量（TH）。因此，WIP 太多固然不行；WIP 太少也不一定好。所谓的"单件流"很难做到，也不一定有那个必要，而一个合适的 WIP 数量，则可以实现大产出量和小周期时间的合理平衡。

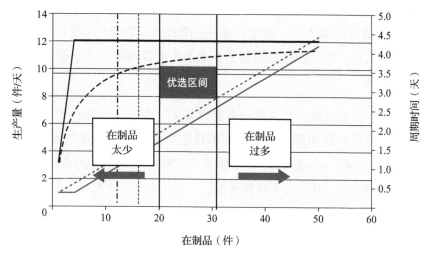

图 12.8　优选的 WIP 区间（选自《工厂物理学》)[10]

工厂物理学第二定律则揭示了排队时间（$CT(q)$）、可变性、产能利用率和加工时间制造运营系统变量之间的数学关系。其中，产能利用率与可变性和周期时间（准时交付）之间的关系更值得重视。产能利用率太高，制造系统应对可变性的能力就差，周期时间很可能会大大延长。因此，普通工位留出 20% 以上的空闲产能，瓶颈工位留出 10% 以上的空闲产能，才可能是比较合理的做法；相反，单方面地寻求产能利用率接近 100%，将大大降低制造系统面对可变性和不确定性的应变能力。其实，军队打仗时总是留有预备队，已经用实际案例证明了这一点。

如果把加工环节暂时放在一边，企业的制造运营系统就像一个城市的交通，客户订单是把乘客从 A 地运往 B 地。在交通和运输的过程中，有排队、有等待、有拥挤、有匹配、有撞车、有调度，而一个运行良好的交通系统应该是既让运输的量最大，也让运输的时间最短，让交通的成本最低，让交通中零事故，其管理主题是"优流"——车流的流动优化，这就需要管理者有运营模型思维作指导。

再回到制造企业的生产领域，制造运营模型思维中既要用到丰富的概念模型（制造转化系统、TOC 等），也要用到很多数据模型（产品定义和过程定义），更应有数学模型（工厂物理学第一定律和第二定律）作指导，算是模型思维的集大成者。其实，这也回答了本章开头所说的为什么制造运营管理难以做好的问题：

要想做好制造运营，要求管理者要以整体、系统、动态、平衡的视角去发现问题、分析问题和解决问题。如果只是简单地学习、复制或实施 ERP、APS、精益、TOC、6 Sigma 等管理体系或方法，是解决不好制造运营中所面临的复杂问题的，有时甚至越做越乱。

12.6　扩展阅读：制造企业管理问题纪实

【作者按】本节内容是一位同行对浙江某制造企业现场管理中所存在问题的一些观察和思考，不一定全面，也不一定准确，算是一家之言，仅供读者参考，也可看看本企业是否有类似的情况。以笔者的观点，所谓的智能制造，对中国的制造业来说，道路还很长。

抵近观察，理性分析，中国制造业在日常管理上还是存在很多问题。下述内容是第三方对某个制造企业的观察。由此，或许是管中窥豹，但应该也可以对相关从业者些许启示。

12.6.1　人治

企业日常运营管理，有较浓重的"人治管理、领导推动"色彩。企业运营管理的日常工作，基本依靠领导推动、亲自谋划、直接布置、再三强调、反复跟催等方式来管理与推动。许多工作在实施中，遭遇拖拉延误、多方掣肘、相互推诿、实施不力等诸多困难，往往需要领导亲自过问、多方协调、折中平衡、拍板担责后才能落实。企业日常运营和管理，尚以"人治"
为主，而借以支撑、推动现代企业高效运作的分级负责、职能管理、制度规
范、流程运行的作用与力量，则较少发挥作用。因此，领导包括中层管理者
承担了过大的工作负荷，但工作效率和质量却不尽理想。

【作者按】《论语》云："人能弘道，非道弘人。"人的主观能动性当然
重要，但如果什么事情都依赖人，很容易"人走茶凉"，或是换个领导换种
做法。

12.6.2　流程

流程化管理的制度、规范与文化尚未成型，管理的标准化、自动化程度
不高，导致管理力不强，管理效率低。一方面，多数干部的工作时间长、负
担重、压力大，几近于身心疲惫的边缘；另一方面，企业又呈现出管理力不
足、效率低、响应慢、协调配合难的"亚健康"状态。尤其涉及跨部门、多
成因的复杂问题，总是需要上级领导临时处置、个案处理、专门协调，牵扯
了干部职工的大量时间和精力。最终表现为会多、事多、麻烦多，干部职工
深受其累、饱受其苦，甚至抱怨没有贯彻落实、现场办事、解决问题的时
间，更没有调查研究、分析思考、改善提高的精力。但现实的难题是，不开
会又没有更好的办法，大家长期陷在一个怪圈当中循环。

【作者按】所谓流程文化，就是目标设定以客户为中心，运行支持以流
程为中心。流程的执行就像城市道路，科学设计和有效治理同等重要。如果
日常运行不能流程化、制度化，那么企业所有的工作都变成了"例外管理"，
忙是必然的，更谈不上有效的管理。

12.6.3　权责

分级负责界限不清，许多日常工作需升级办理才能解决，领导也乐于接
手处置下级上交的难题，干部职工的执行力、实施力日渐退化。日常运营管
理中大量的生产、技术、工艺、质量、采购、物流、设备、检修、安全、用

工、后勤等事务，但凡有些困难，或牵涉多个环节部门，或以新的形式和面貌呈现，即容易被搁置梗阻或拖拉延误。会议上总能听到相关职能部门对各种困难和理由的解释说明，却较少听到相应的对策与方案，领导总面临"问答题"的考验，少有机会做"选择题"。而领导们又总是棋高一着，英明睿智，手到病除。感觉中层干部们应对复杂性、综合性、突发性工作的能力不足，工作上的主动性、创造性不佳，执行力、实施力不强。

【作者按】有愿意做"英雄"的领导和管理干部，企业运营就谈不上有体系。长远看，"英雄"式领导是对组织运行机制的伤害。

12.6.4　质量

质量管理控制体系薄弱，源头控制、过程管理不力，大小不一的质量问题频繁发生。质量管理体系薄弱，源头管理、过程控制不力，质量管控力、体系力弱化，入厂零部件质量可靠性差，厂内生产直通率也不高，而当质量波动与产量发生矛盾时，产量第一的顽固观念与产量考核的刚性指标，又总会令质量标准与原则退居二线，导致质量波动的根本原因难以快速发现和消除，同样的问题反复发生，最终导致产能上的更大损失。

【作者按】大家都知道，质量检测不如质量控制，质量控制不如质量预防。可现实是，"救火"的是英雄，"防火"的只能是无名英雄。企业中，英雄很多，无名英雄则不可闻，因而也就很少有人愿意做无名英雄。

12.6.5　计划

生产计划和排程的方式落后，生产计划的科学性、合理性不足，计划实施和应变困难，计划达成率不高。产成品生产计划的优化及排程需考虑很多制约因素，诸如订单交期、型号配置、颜色切换、均衡生产、供应链结构、物料配送等，因此编制一个产量高、交货快、实施顺畅、达成率好的计划排程，是一项难度很大、仍有很大改进空间的工作。企业在这方面已经有了部分的基础，积累了一些经验，培养了一些专职计划排产的人员，但现有排程几乎完全依赖人工，其排程的理念、方法、工具落后，基本以人工判断、数据核对、Excel 试算为主，因此资源的利用效率、计划达成率、应变弹性多有不足。

【作者按】计划和排程的根本作用是从企业全局的角度寻求整体最（次）优。如果计划和排程考虑的因素不够全面，信息不够及时准确，或者不能滚动地动态平衡，其效果将大打折扣。如有科学、有效（没有最好，只有更好）的计划和排程，各作业单元的"五官争功"就很常见。

12.6.6　成本

"成本观"与"产出观"理念经常产生冲突，常因追求成本最佳而损害系统整体最佳目标的实现。被誉为"制造业和零售业圣经"的 TOC 理论告诫我们，企业是一个系统，系统整体最佳并不是各个局部最佳之和。整体最佳与局部最佳往往是冲突的，比如成本第一的观念与产出第一的观念就经常互为冲突，在实践中更多时候是局部的成本观占据更优势的地位。增加的用工和制造成本，会突破既定的成本计划指标，直接影响"局部最佳"的刚性考核，而由此产生的"整体最佳"的结果，基层单位和具体业务部门却无法感知和评估，更无明确的关联关系、考核办法与激励政策，所以其改善决策与实施便难以推行，甚至遭遇阻力，竟至无人愿意认同和接受这一分析逻辑。所以，总能见到一些因追求局部最佳而损害系统整体最佳的错误政策、决定与行为。

【作者按】实际上，企业中的质量和成本管理，都是系统性功能，企业中各个成员的系统性思考何其难求。

12.6.7　库存

零部件缓冲库存缺乏，常因供应波动损失产能，是局部绩效损害整体绩效的常见表现。减少或消灭库存，实行 JIT 生产，是精益思想所追求的理想目标。但是，当供应链不稳定，质量波动和供应异常频繁发生，随时会对产能造成损害，而企业正面临订单丰富、产能不足、交货困难时，仍然机械地坚持低库存、零库存的原则就得不偿失了。库存资金的占用成本，比起产量和销售商机的损失，是完全不可相提并论的得失。因为零库存、低库存而损失了产能与商机，实在是为局部绩效而损害系统整体绩效的错误经营行为。

【作者按】精益思想认为库存是万恶之源，因为库存的存在，会掩盖企业运行中存在的很多问题。消除库存就是要让"海面"下降，把"冰山"完整地暴露出来。

12.6.8 采购

生产备件采购管理环节多、流程长、响应慢，导致备件出现高库存与高缺货并存的状况，影响生产，损失产能。生产一线所需的机电备件、消耗材料品种繁多，需求波动大，意外需求频繁发生，一直是个管理难题。现行采购管理部门人手少、处置慢，而且环节多、流程复杂、周期长，导致一方面库存总量不低，另一方面物料短缺频发，影响生产，损失产能。而要求一线生产部门对未来的物料需求做精准预测和完美计划，则是不现实的要求。唯有建立快速响应机制，坚持非瓶颈部门迁就瓶颈部门的运营原则，方可有效提升系统效率，实现系统利益最大化。

【作者按】全面质量管理，全员设备维护，所谓的"全面""全员"，就是指它们是企业的全局性、系统性工作，需要企业中的各个部门一起参与和高效协同。

12.6.9 供应

零部件质量合格率波动频繁，不得已允许供应商派员入厂分拣，导致供应链"系统成本"升高，现场混乱，管理困难。供应商整体素质不尽理想，质控体系不佳，部件入厂质控也稍显薄弱，导致上线零部件质量波动频繁，影响装配和正常生产。不得已之策，允许供应商派员入厂再人工分拣，一方面增加了巨大的检验和分拣成本，另一方面在生产现场陡增供应商的大量分拣人员，现场混乱，影响生产。而供应商人工分拣的额外成本，最终仍将转化到公司的采购成本之中。稍事分析，即知供应商所产零部件质量的合格率、稳定率不高与我方供应商政策、成本控制有一定内在关系，这也是局部利益损害整体利益的一种曲折表现，需要在今后工作中，予以通盘分析、周全考虑，以追求系统整体利益最大化的最高原则，综合平衡，有效解决。

【作者按】产品和外协件的质量表现不能实现"一致性"，则其他的任何管理都是空谈。

12.6.10　文化

员工归属感、认同感不足，流失率高，管理压力大。长期以来，一线员工的工作时间长、劳动强度大、轮休时间没有规律，员工甚感疲惫。另一方面，企业对一线员工的关注、关心与尊重不够，思想政治工作和人文关怀不足，导致一线员工对企业的认同感、归属感不强，心态消极，临时观念突出，流失率高，导致技术和经验积累困难，作业优化和管理改善难以深入广泛开展，所以企业总是在问题不断、老毛病难改、管理压力大的状态下运行。

【作者按】随着 90 后、00 后加入产业工人的队伍中来，除了赚份工资养家糊口，他们是否对工作还有其他诉求？

第 13 章 | Chapter 13

集成研发模型思维

　　科技创新是实现制造强国建设的关键环节和战略支撑。对制造企业而言，科技创新等实践活动主要聚焦在研发领域，而后者也是企业经营管理最复杂、最难做好的领域，其原因在于研发领域具有新、虚、准、杂、长、快、省等特点和要求。

　　研发领域务必求新。不管是新技术、新材料、新工艺、新功能，还是新模式，研发领域没有"新"，也就不是所谓的研发。但是，求新、创新不仅需要长期的投入，还有很大的不确定性，也不是靠简单、粗暴地砸钱就能解决的。

　　研发活动的成果是"虚"。研发就是发现，是定义，是模型，是关系，是算法，是信息，是认知性的东西。想务好实不容易，想务好虚更不容易，因为虚的东西大都是隐形的，不仅难以具象化和量化，也难以琢磨和被人理解。

　　研发工作要讲究"准"。企业做研发的主要目的是要解决市场中存在的问题，是要满足客户和用户的需求，是要服务于企业利益相关者的价值实现。然而，要想达成上述目标，就必须把客户和用户的需求，把利益相关者的价值诉求，精准地翻译并转换为产品需求、产品特性和产品功能。

研发的管理对象很杂。在智能互联时代，大多数企业的产品已经成为技术要素、机械部件、电子电器、软件、服务和数据的复合体，产品研发自然就要与这些管理对象打交道。某位企业家曾经说过，21 世纪只有一类企业——软件企业。实际上，这只是突出产品中的软件成分而已。

产品研发的周期很长。一个新产品的研发，短则耗时数月，长则耗时数年。在这么长的时间内，数十人，甚至数百人，长期地处于冲刺的精神状态。要想一直保持研发项目组全体成员的旺盛斗志和工作激情，不仅是对团队成员的挑战，也是对企业组织的挑战。

产品研发要讲究"快"。在快速变化的时代，新产品的保鲜期越来越短。以汽车行业为例，原来一个新产品推出后可以卖 10 年以上，现在则是上市 3 年以后就可能成了老产品。当制造业的产品大都变成了快消品，快速研发、快速上市、快速量产就成了产品研发的基本要求。

产品研发还要力求"省"。从财务角度看，产品研发的本质是投资，而且是制造企业中最大的投资。一个新产品的研发，少则耗费数百万，多则耗费数百亿。同样以汽车行业为例，一个汽车新产品的研发支出一般在 30 亿人民币左右，如果不省着点花，甚至有可能给企业带来资金流枯竭的风险。

新、虚、准、杂、长、快、省，这还是笔者对研发活动的基本性概括，实际情况远比这个要复杂。复杂的环境变化，复杂的经营目标，复杂的工作内容，复杂的组织形式，各种各样的复杂，对企业中各类经营管理和技术人员的能力提出了各种挑战。因此，要想驾驭好企业的研发活动，相关从业人员必须要有基于认知流的集成研发模型思维。

如图 13.1 所示，我们可以以集成研发模型思维框架为指导，分别从研发特点、战略背景、产品定义、管理体系、集成要点和技术方案六个维度来理解研发活动的复杂度。

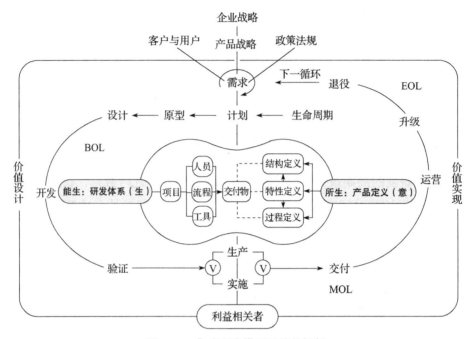

图 13.1　集成研发模型思维的框架

13.1　研发特点

研发活动的主要内容是价值流的加工和产品定义信息的生产，其本质特点是围绕意识流或认知流的活动。只不过它是以商业目的为出发点的意识流。

一个企业，如果制造、营销等业务的管理水平较低，其结果可能是日子过得紧巴；但如果研发能力差或研发活动没效益，产品没有市场竞争力，企业很有可能活不下去。如此看来，研发代表了企业的生机。

笔者说研发活动是一种意识流，是从价值加工和信息生产的角度讲。如图 13.2 所示，在产品研发过程中，从客户、用户等利益相关者价值，到产品需求的定义，再到产品的概念设计，再到技术规范和架构定义，再到详细设计和工程分析，再到确认和验证，就是一系列的意识流和认知流，其目的当然是为了最终的价值交付，或者更进一步说，是企业价值交付能力的定义。

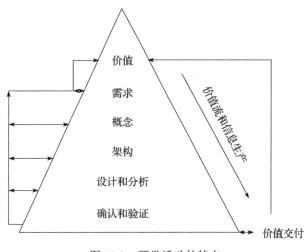

图 13.2　研发活动的特点

13.2　战略背景

如果说企业需要有战略，那首先必须是产品战略，如图 13.3 所示。因此，企业的研发活动是企业的战略性举措，而且是最重要的战略性举措。从这个角度来看，战略管理的特点、要求和方法，同样适用于企业的研发活动。实际上，研发活动的首要工作就要做好产品研发的投资预算和产品的战略规划。

战略管理中的很多模型和工具，比如宏观分析方面的 PEST 模型，中观行业分析方面的波特五力模型，微观方面的价值链模型和 SWOT 分析，绩效管理方面的战略地图和平衡计分，目标管理方面的 OKR 等，都适用于产品战略管理，或者与产品战略紧密相关的管理。

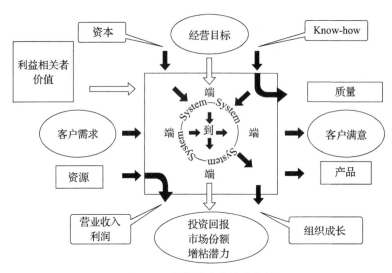

图 13.3   研发活动的战略背景

在研发活动中，产品战略的主要内容是技术平台规划、产品组合、产品生命周期管理、新产品上市路线图，以及某个具体产品研发的需求管理。如图 13.4 所示，可以说，需求管理贯穿了具体产品研发活动的始终，是产品研发工作的指挥棒。

图 13.4   产品研发活动中的需求管理

需求管理，往前承接的是利益相关者的价值设计，往后则指导产品的概念设计、技术规格和特性的定义、产品的功能设计，并作为产品确认和验证的主要评价标准。因此，需求管理是某个具体产品研发项目的战略管理工具。

13.3   产品定义

产品定义是研发活动的主要工作成果和输出。

管理实践中，没有度量，就没有管理；同样，如果不清楚产品定义，研发活动就只能是"摸着石头过河"。那样一来，研发活动的风险就太大，试错的成本就太高，研发周期也难以控制。只有弄清楚产品的定义，我们才能以终为始开展研发活动。

在笔者看来，我们可以从系统视角、解构视角、生命周期视角、成果类型视角等角度来理解研发活动中的产品定义。

13.3.1   系统视角

任何产品都是某种系统。如图 13.5 所示，就系统视角而言，一个系统的定义包括背景、功能、结构和过程四部分。换句话说，我们可以从背景、功能、结构和过程四个细分角度来认知产品，而定义清楚了产品的背景、产品的功能、产品的结构和产品的过程，我们基本就可以认识清楚产品的定义。

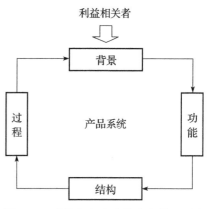

图 13.5   系统定义和产品定义的四要素

（1）背景

产品的背景是产品之所以需要的前提，它主要指企业的利益相关者对它的价值诉求。在研发活动中，对利益相关者价值诉求的识别主要以调研和访谈的形式来进行；其中，客户和用户等重要利益相关者的价值诉求，则可以用 $APPEALS 模型来收集和整理。

$APPEALS 模型，指的是影响客户购买决策的价格（$Price）、可获得性（Availability）、包装（Package）、性能（Performance）、易用性（Ease of Use）、质量和保修（Assurance）、生命周期总拥有成本（Lifecycle Cost）、社会接受度（Social Acceptance）等八个方面的价值诉求。

（2）功能

如图 13.6 所示，产品的功能是利益相关者价值诉求的承接，是客户和用户等利益相关者价值得以实现的主要载体。在研发过程中，借助质量功能展开（Quality Function Deployment，QFD）方法，我们可以识别利益相关者及其价值诉求，再把利益相关者价值诉求转换为客户诉求，把客户诉求转换为产品的技术设计需求，把技术设计需求转换为产品设计规格和特性，从而完成产品功能对利益相关者价值诉求的承接。

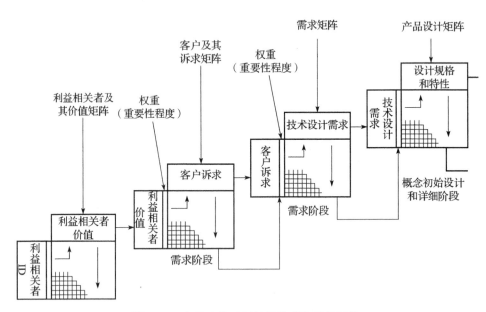

图 13.6　产品功能对利益相关者价值的承接

对于市场和销售部门而言，产品功能还要转换成产品的竞争力或卖点，这可以通过 FFAB 模型来识别和整理，即从技术特性（Feature）、功能模块的卖点（Function）、产品的领先型（Advantage）、对客户的好处（Benefit）等角度对产品的功能进行梳理和诠释。

（3）结构

产品的结构是产品的功能得以实现的物质基础。产品结构的典型形式是制造业中的物料清单（Bill Of Material，BOM）和高科技行业的软、硬件结构。以 BOM 为例，产品的 BOM 形式有原型 BOM（Prototype BOM）、工程 BOM（Engineering BOM，EBOM）、制造 BOM（Manufacturing BOM，MBOM）、售后服务 BOM（Service BOM，SBOM），等等。认识清楚了各种形式的 BOM，就基本认识清楚产品的结构定义。

（4）过程

产品的过程是产品的结构得以形成和产品的功能得以实现的形式。在制造业中，产品过程的典型代表有工艺路线或产品配方。以工艺路线为例，有制造类工艺路线，有维护或保养类工艺路线，前者描述的是产品的加工制造流程，后者描述的是产品的维护保养流程。更简单的产品过程还有产品用户手册或操作手册，其描述的是产品应该如何使用。

13.3.2　解构视角

复杂的产品一般是系统的系统（System of System，SoS）。如图 13.7 所示，为了清楚地了解产品的定义，我们还要对产品进行解构，把产品解构为系统，把系统解构为子系统，把子系统解构为子子系统，直至解构为部件。

解构视角是还原法在产品定义中的具体应用。通过层层解构，我们可以从整体到局部，不断深入地了解产品的构成，不断提高产品定义的精细程度和产品实现的可执行性。

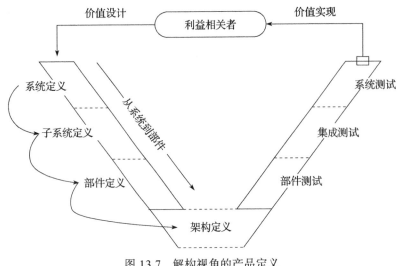

图 13.7　解构视角的产品定义

13.3.3　生命周期视角

研发活动的基本指导原则之一是面向下游的产品设计。比如，面向测试的产品设计，面向制造的产品设计，面向维护的产品设计，面向再循环的产品设计，等等。

面向下游的产品设计告诫我们，研发活动中的产品定义，不仅要考虑技术和工程方面的需求，还要考虑制造、测试、销售、使用、运营、维护、再生等方面的需求，也只有这样，产品的定义才可能完整。

13.3.4　成果类型视角

虽然都是研发活动，不同类型的研发，其最终的交付成果不同，而这是由研发成果的目的和用途所决定的。

在集成产品研发（Integrated Product Development，IPD）中，一般有三种类型的研发：技术平台研发、产品研发和客户定制化研发。技术平台又称为 Version，通常针对的是产品平台，是产品线划分最重要的标准；产品又称为 Release，是针对某一客户群的细分产品，是产品经理和市场经理所理解的产品，也是对外销售的产品；客户定制又称为 Modification，一般以解决方案的形式出现，是客户经理和服务实施人员所理解的产品。

在汽车行业中，产品研发的成果形式有架构研发、车型研发和车型年款研发。架构研发针对的是汽车构成中的通用模块，类似于技术平台，但比技术平台解构得更细。车型指的是面向客户销售的产品序列，比如档次分别为高、中、低的不同配置。车型年款则是对现有上市车型的小改款，俗称"拉皮"（Facelift）。

虽然，不同的行业有不同的成果分类或成果分类的叫法，但其背后的逻辑基本类似。技术平台或架构针对的是通用模块和技术要素的开发，是为产品开发提供架构技术，而客户定制或车型年款则是小规模的定制或开发。

13.4　管理体系

管理体系是研发活动所遵照的过程和所采用的管理方法。

如图 13.8 所示，研发活动是一个集体性的创造和协同过程，需要有相应的管理体系作指导和规范，我们可以从交付物、方法论、能力要素和组织管理的角度来理解研发活动中的管理体系。

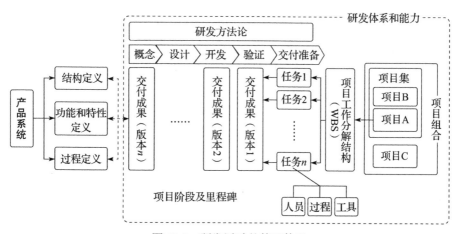

图 13.8　研发活动的管理体系

13.4.1　交付物

研发活动的交付成果不仅仅是上文所说的产品定义，还包括形成最终产品定义所需的各种过程交付物（Deliverable）。换句话说，交付物包含了产品定义的中间状态。以一个零件的设计为例，不仅有需求文档、设计文档，还有相应的三维数模，而三维数模在获得最终审批前还有很多中间过程的版本，这些交付物同样需要进行有效的管理。

交付物的形成过程其实也是研发活动的开展过程。通过对交付物的梳理，可以帮助我们更清晰地理解整个研发过程、质量管控点和验收标准。

13.4.2　方法论

研发活动需要有相应的过程模型来进行时间上的顺序化和空间上的层次化，我们一般称这类过程模型为方法论（Methodology），如图 13.9 所示。

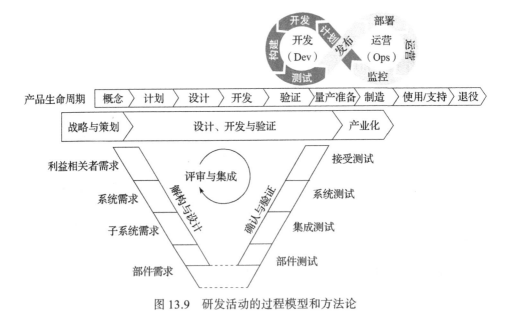

图 13.9　研发活动的过程模型和方法论

方法论把研发过程分为若干阶段和若干里程碑，每个阶段又包含了若干的任务，任务内又有若干的具体活动。与里程碑事件相关联的，还有用于质量控制的质量门和评审点。

研发活动的复杂之处还在于，针对不同类型的交付成果，所采用的方法论是不同的。常见的方法论有瀑布式、V 模式、敏捷式、DevOps 等。针对复杂产品的研发而言，上述形式的过程模型或方法论都要用到，企业需要对它们进行有机地整合。

13.4.3　能力要素

研发管理体系也可以理解为某种能力。从能力的角度看，研发管理体系无非由过程、人员、工具等能力要素构成，也就是大家所熟知的 PPT 模型（Process，People and Tool）。

过程描述的是要做什么事情，什么时候，在哪里，以及怎么做这些事情。

人员描述的是哪些人，以什么样的组织形式来进行研发，以及人员所需的能力素质模型、汇报体系、绩效管理方法等。对研发活动而言，研发团队主要以跨职能的矩阵式团队来开展工作。

工具描述的是借助什么样的技术和工具来进行研发。工具的有效应用将大大提高研发的效率。

13.4.4　组织管理

研发活动的基本组织形式是项目，以及以项目为基本单元的项目集和项目组合。准确来讲，企业中的产品研发主要以项目集或项目组合的形式来进行。如果以制造领域的 MTS、MTO 等生产组织形式作类比，我们可以把研发活动的组织管理称为 Develop to Project，D2P。

从项目管理的角度看，项目管理的九大要求，即范围管理、时间管理、成本管理、质量管理、人力资源管理、沟通管理、风险管理、采购管理和集成管理，同样适用于研发活动的管理。只不过，具体到某个行业，有行业特有的叫法。以汽车行业的产品研发为例，计划管理也可叫作"产品先期质量策划"（APQP），风险管理也可叫作"潜在失效模式及其影响分析"（FEMA），沟通管理的特有说法是 A3 报告和作战室，等等。

13.5　集成要点

既然研发工作是一个大群体、长周期的创造性工作，如何确保全体成员以"力出一孔，利出一孔"的方式来开展工作就非常重要。"力出一孔，利出一孔"的管理要求和特点又称为"同步"（Synergy）、"一致"（Concurrence）或"集成"（Integration）。虽然叫法不同，但其核心内涵是一致的。如果采用集成的说法，研发工作的集成要点主要有价值集成、功能集成、流程集成、职能集成和数据集成。

13.5.1　价值集成

价值集成主要指的是利益相关者价值诉求的和解与整合，包括利益相关者价值诉求的冲突管理和优先级管理。与产品研发有关的利益相关者有客户、用户、股东、员工、合作伙伴、管理层、监管机构等。每一类利益相关者价值诉求的重要性不同，其内容和出发点也不可能完全一致，甚至还可能有冲突，这就需要对其进行调和与整合。

如图 13.10 所示，利益相关者价值诉求的集成可以通过利益相关者及其价值诉求的相关性矩阵来进行识别和优化。

13.5.2　功能集成

在产品的功能构成和实现要素中，有机械，有电子电器，有软件，有通信，有数据，有云服务等。如果要确保上述要素形成一个有机的整体，让它们在功能上相互支持和补充，就需要对其功能进行合理的分配和整合。

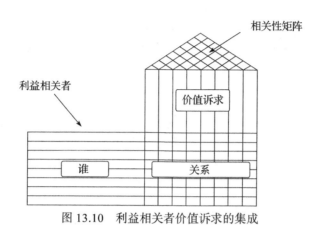

图 13.10　利益相关者价值诉求的集成

13.5.3　流程集成

流程集成指的是在整个研发过程中，市场开发、产品策划、概念设计、详细设计、测试验证、上市准备等不同阶段和不同流程之间的集成，以便上述阶段能够实现有序的切换和环环相扣的质量保证。

13.5.4　职能集成

产品研发不仅是研发部门的事，而且是公司全员的工作。其中，既需要公司决策层、经营管理层、执行层等组织内不同层级的参与，也需要财务、市场、研发、制造、采购、服务、人力资源等不同业务或支持部门的参与，他们要组织成一个跨越全公司的项目团队。如果要让团队所有成员能够各司其职，在合适的地方和合适的时间点参与并协同工作，就需要将他们的工作和职能进行集成。

如图 13.11 所示，在 IPD 研发管理体系中，根据职责的不同，把整个研发团队分为集成组合管理团队（IPMT）、产品组合管理团队（PMT）、产品开发团队（PDT）、技术与平台开发团队（TDT）和生命周期管理团队（LMT）。围绕共同的研发目标，上述细分团队的职责和团队组成是不一样的。

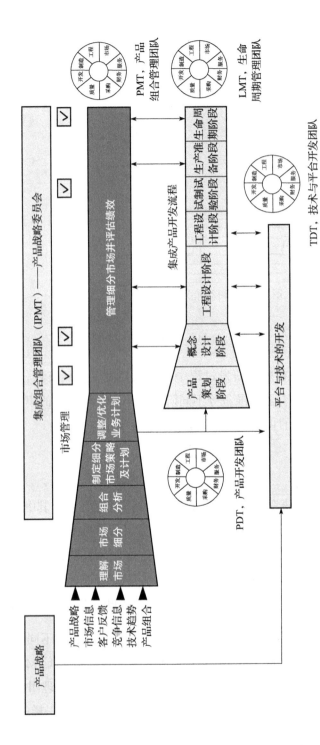

图 13.11　IPD 中的职能集成

　　在实际研发过程中，不同团队的职能集成主要以评审的形式来保证，包括决策性的评审活动和技术性的评审活动，前者决定做什么、是否要做、谁来做、花多少钱来做，后者决定如何做和做得怎样。以 IPD 体系为例，概念评审、计划评审、发布评审是决策评审，概要设计评审、技术规格评审、详细设计评审是技术评审。不同的评审活动，参与者是不同的，决策评审一般需要 IPMT、PMT 等负责产品决策、战略或规划团队参与，技术评审一般只需要 PDT、TDT、LMT 等产品开发或执行团队参与即可。

13.5.5　数据集成

　　数据集成，也就是与研发相关的数据如何在产品的全生命周期和所有团队成员之间高度共享。准确来说，数据集成就是把合适的信息，在合适的时间点，以合适的场合和形式，推送给合适的人，如图 13.12 所示。

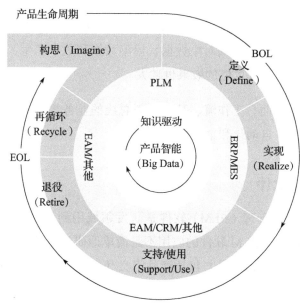

图 13.12　产品全生命周期的数据集成

　　在具体工作内容上，数据集成方面的要求还包括产品数据的唯一来源（唯一性）、准确性、完整性和及时性。

13.6　技术方案

前文主要从业务的角度，简要地介绍了研发工作的特点、内容、要求和挑战；接下来，我们就从数字化建设的角度，看看以什么样的技术方案来赋能研发工作的开展。因为篇幅的关系，笔者就简要从赋能维度，以 PLM 软件、ALM 软件、数字主线和数字孪生为代表，谈谈研发领域的技术解决方案，供读者参考。

13.6.1　赋能维度

从赋能的维度看，数字化对业务的赋能主要是从数据和流程两个维度来展开，数据关乎的是决策的质量，流程关乎的是执行的效率。在研发活动中，虽然两种形式的赋能都需要，但数据方面的赋能更为重要。

产品定义所采用的数据格式不同，数据赋能的效果也大不相同。从文档型数据到关系型数据，再到对象数据、模型数据和数字孪生，企业对产品数据的应用深度越高，其可能的效果也越大。

在流程赋能方面，工作流、基于服务总线的业务集成，都有助于实现研发流程的标准化、自动化和集成化。

13.6.2　PLM 软件

产品生命周期管理（PLM）软件是研发领域用到的主要管理软件之一。需要着重提出的是，PLM 软件的应用不是简单地研发活动电子化，其应用效果更不可能一蹴而就，而是与包括产品定义和管理体系在内的业务成熟度息息相关。

如图 13.13 所示，PLM 软件的应用成熟度可以分为文档管理、团队协作、项目管理、工程变更、配置管理和供应链协同的不同层级，越往上走，PLM 软件应用带给企业的价值也越大。

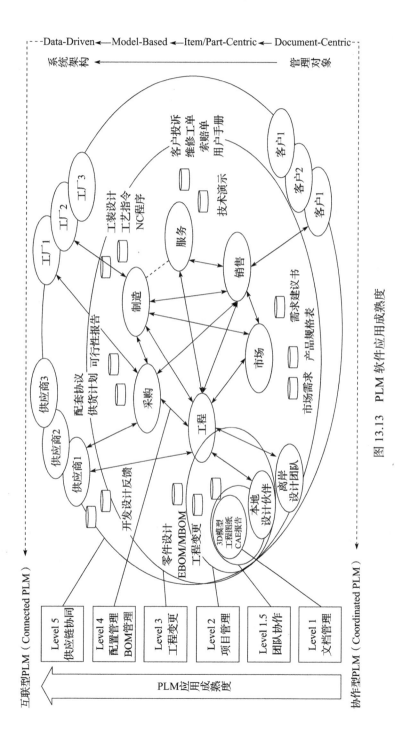

图 13.13　PLM 软件应用成熟度

13.6.3　ALM 软件

应用生命周期管理 ALM，用于产品中软件的管理，包括需求管理、概要设计、详细设计、开发管理、测试管理、发布管理等功能。

13.6.4　数字主线

借用当前比较流行的说法，如图 13.14 所示，数字主线可以看作是制造企业中以产品数据为中心的数据中台，它将产品在其生命周期各个阶段的设计、制造、使用、维护等形式或用途的数据进行整合，可以为企业中产品战略的制定和产品研发决策提供数据支持。

工业大数据、工业物联网等数字化技术的成熟应用，为数字主线提供了源源不断的技术和数据支持。但是，还是笔者常说的那句话，拥有了大量的数据并不代表就具备了大数据思维，数据的采集、清洗、加工和应用还需要与业务场景相结合，与产品决策、产品定义和研发管理相结合。

13.6.5　数字孪生

严格意义上来讲，数字孪生技术的主要应用领域不在研发而在运营。但是，如图 13.15 所示，正是因为有数字孪生技术的出现及其应用，产品数据才得以形成闭环，真正全生命周期的产品管理才成为更普遍的现实。而在此之前，PLM 软件中所谓的产品生命周期管理，更多的是一种理念和宣传。

因为有了数字孪生，企业就可以快速地获得产品交付给用户后的运行和行为表现数据，从而为产品的下一次迭代和同类新产品的研发提供基于现实的决策支持。

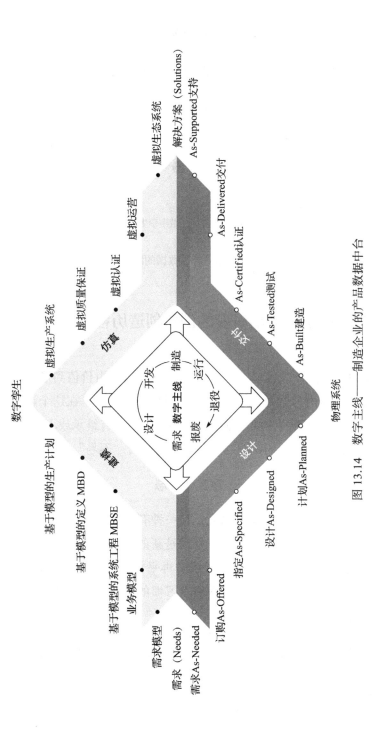

图 13.14　数字主线——制造企业的产品数据中台

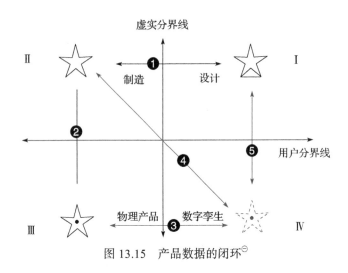

图 13.15　产品数据的闭环[一]

13.7　扩展阅读：产品研发的创新创造历程

企业中的产品研发活动是一个由观念到价值，由价值到形式，由形式到功能，由功能到内容，由内容到实体的创新创造历程。在这个历程中，并非所有的活动都是全新的，既有创新或变的部分，也有继承或不变的部分。"变易"的是意义和形态，"简易"的是结构和关系，"不易"的是基础和要素。

产品研发中的"变易"——意义和形态

有生命力的产品应该是艺术品，是一种有意义的存在。其中的意义，可以是产品所带给人们的新的器用，抑或是新的生活方式或理念，抑或是新的审美风格或精神，抑或是对现有矛盾的再平衡和超越……这些意义或形态，随着社会的发展，时代的变迁，消费者习惯的变化等而改变，此为产品研发中的"变易"。

产品研发中的"变易"，或者说其意义或形态要"与时俱进"。

───────────────

　　○　摘自林萍老师的文章《数字孪生》

反者道之动，弱者道之用。事物发展变化的原动力是太极图中阴阳鱼的眼睛，是现有事物形态的反面。产品研发中的意义或形态之"新"，也要从其现有意义或形态的反面去寻找答案。

日本汽车进入美国市场的创新是经济性能的由耗返节，苹果手机超越竞争对手的创新是用户界面的由繁返简，淘宝商城早期领先 eBay 的创新是对商户的由租返免……上述的种种，都是从竞品的反面去寻找创新焦点。

创新焦点找准后，支撑创新焦点落地的，是新的技术，或新的材料，或新的工艺，或新的约束组合，或新的算法，或新的造型风格，或新的商业模式……

产品研发中的"简易"——结构和关系

无论是新的技术，或新的材料，或新的工艺，或新的约束组合，或新的算法，或新的造型，或新的商业模式，在衍化为新产品传递或承载新的意义或形态的过程中，在结构和关系上，总体遵循着某些基本的规律或原则，这些规律或原则可概括为对待律、转化律及和合律。

13.7.1　对待律

如果说产品是一种艺术品，从其艺术形态上说，产品艺术是一种建筑艺术，也遵循着建筑艺术中对待的规律，即建筑艺术在结构或关系上的有无相生、难易相成、长短相较、高下相倾、音声相和、前后相随，强调的是对待面之间的相互渗透和协调。当然，产品中结构或关系的对待，主要包括有无、虚实、曲直、方圆、色质、形神等对待面的运用。

以汽车产品为例，汽车的外壳包裹着驾驶和座舱，这是有无或虚实的运用；汽车外形的流线和动感，这是曲直的运用；汽车方正的上部和滚动的车轮，这是方圆的运用；汽车内饰和座椅选择不同的颜色和材质，以传递温暖、奔放、庄重等不同情感，这是色质的运用；汽车前部炯炯有神的大灯，这是形神的运用……

13.7.2　转化律

产品中有无、虚实、曲直、方圆、上下、前后、左右、动静等对待之间不仅相映成趣，而且互相渗透，这就要在其结构或关系上遵循转化的规律。

汽车产品的行驶系统，将方向盘的左右旋转转化为车轮的前后旋转；汽车发动起的曲轴连杆系统，将活塞的上下直线运动转化为飞轮的顺、逆时针圆周运动；汽车传动轴和悬架系统，将传动轴在 X-Z 面的旋转运动转化为车轮在 X-Y 面的旋转运动；通信产品中数据的排序算法，将数码的无序运动转化为有序运动等，这些都是转化律的运用。

通过转化律的运用，新产品实现了"有之以为利，无之以为用"的器化，将空间结构的立体感转化为时间进程的流动美。如果没有转化律的运用，产品的形态和功能也将大打折扣。

13.7.3　和合律

人天和谐，天物合一，是道家的基本思想，也是我国建筑艺术的基本规律。企业中的产品，在其结构或关系上，同样要遵循产品内部各组成之间，产品整体与外部环境之间的和合规律。

有些汽车产品，单看其前脸，比较漂亮；单看其尾部，也比较漂亮；但从整体看，就非常别扭，这就是其内部各组成之间没有遵循和合的规律。家电产品的外形主流是方中微圆，其颜色以白、灰、黑为主，这是考虑到其外形和颜色要与室内环境实现协调，遵循的也是和合律。车间用工业软件产品，其用户界面精简直观，用户操作以点击为主，这是考虑了要与车间快节奏作业相匹配，其遵循的也是结构或关系上与外部环境的和合律。

13.7.4　产品研发中的"不易"——基础和要素

任何一个建筑物都是由砖头、混凝土、钢筋、木材、油漆等基础要素组成，企业中的产品研发也是建立在对现有产品的基础和要素的充分继承上，这些部分是产品研发活动中"不易"的部分，其具体内容包括标准化的设计规格、标准化的研发流程，标准化的技能集或工具链，可复用的工程知识，可复用的零部件，等等。

首先，产品研发总体上遵循着标准化的开发流程。标准化的开发流程规定了产品开发过程中的必选活动和可选活动，规定了每个活动的输入、输出，规定了研发活动的空间层次和时间上的先后逻辑，规定了每个活动的责任主体和相关支持部门，也基本回答了研发过程中的 4W1H（做什么 What，何时做 When，在哪做 Where，谁来做 Who，怎么做 How）。诚然，产品的研发流程也要不断迭代和更新，但这种迭代主体上表现为进化或持续改善。

其次，产品研发活动将应用到大量的标准化的技能集或工具链，比如 CAD 设计技术或工具、CAE 分析技术或工具、产品和工艺验证技术或工具、结构设计工程师、应力分析工程师、项目管理工程师、制造同步工程师等。产品研发中技能集或工具链的标准化，也有利于企业产品研发能力的开发和培养。

再次，产品研发活动也可以应用大量可复用的设计规格、工程检查清单等工程知识和零部件。产品研发的模块化就是要提高新产品开发中零部件的重用率；产品研发中 FEMA（潜在失效模式及效果分析）的应用，其目的就是将产品设计和工艺设计中可能存在的风险进行知识化管理，并将其复用。

产品开发流程的标准化，技能集或工具链的标准化，设计规格和工程知识的知识化，零部件等的通用化，有助于消除产品研发活动中的变异和浪费，有助于提高研发效率和质量，有助于缩短研发周期并快速推出新产品，有助于降低研发成本。

借用管理中的 20/80 法则，在企业产品研发的创新创造历程中，虽然包括了形式各样的大量活动，但其中大概 20% 的工作是全新的创新创造活动，大概 80% 的活动则有基本的规律可循，甚至其中大部分可予以标准化和通用化。从企业数字化的角度出发，数字化产品研发的本质是将研发流程、技能集和工具链、设计规格、风险和质量管理等工程知识、通用化零部件等，在其标准化的基础上予以数字化、知识化和可复用化。

　　"不易"的目的是更好的"变易"，上述产品研发中基础和要素的标准化、数字化、知识化和可复用化，是为了更好地支持产品研发中的创新和创造，如图 13.16 所示。因而，没有基础和要素的标准化、数字化、知识化和可复用化，也就不可能有高质量、可持续的产品创新和创造。

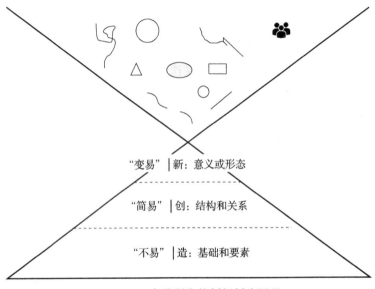

图 13.16　产品研发的创新创造历程

客户关系模型思维

　　人生是必然和偶然的叠加。人们相信成功等于 1% 的智慧加上 99% 的汗水。吕思勉先生在其史学著作《中国通史》中曾经说过，我们读历史，不仅要看到其中的治乱兴衰和人事更替，更要看到背后的文化、经济、政治、制度等的演变；这是因为历史上的英雄们虽然已被浪花淘尽，但古今多少事背后的发展脉络，推动历史事件发展的文化、经济、政治、制度等因素，却可以为今人所借鉴，这才是历史当中所蕴含的智慧。就历史的智慧而言，人事更替是偶然，文化、经济、政治、制度等因素则是必然。

　　企业的经营结果也是必然和偶然的叠加。只不过，不同的领域，必然和偶然的各自占比有所不同。在与物为主打交道的领域，其必然性更高些；在与人为主打交道的领域，其偶然性更高些。生产管理等领域的必然性更高些，市场营销等领域的偶然性更高些。就管理实践的要求来说，人们希望尽可能减少偶然性，以寻求经营结果的必然性和确定性，这也是我们学习客户关系管理的相关理论和实践，构建和优化客户关系模型思维的原因所在。

　　如图 14.1 所示，在客户关系模型思维的指导下，我们可以从营销的社会

学特点、营销的主要工作内容、营销的商业目的和营销的技术工具的角度来
理解市场营销和客户关系管理等活动。

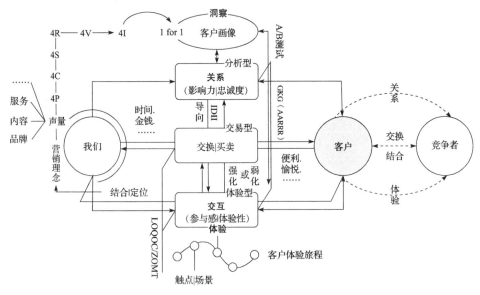

图 14.1　客户关系模型思维的框架

14.1　营销的社会学特点

　　从社会学角度来看，企业的市场营销活动就是企业和客户"谈恋爱"，
企业追求客户的一系列活动。从这个角度看，青年男女怎么谈恋爱，青年男
女如何追求对方，其背后的做法和套路同样适用于企业的市场营销，市场营
销学也可称为企业的"恋爱学"。

　　与普通人有所不同的是，企业要追求的是成千上万的客户。为了让客
户接受自己，企业就需要了解市场，了解客户，并经营出自己的光辉形象
（Brand Image），有人也将其称为"声量"。形象塑造的媒介有产品、服务、
品牌、内容、资讯等，而在这背后是营销理念在作指导。随着社会的发展和
营销的变革，主流的营销理念有所谓的 4P、4C、4S、4R、4V 和 4I。

4P，即产品（Product）、价格（Price）、渠道（Place）和促销（Promotion）；所谓的 4C，即消费者（Customer）、成本（Cost）、便利（Convenience）和沟通（Communication）；所谓的 4S，即满意（Satisfaction）、服务（Service）、速度（Speed）和诚意（Sincerity）；所谓的 4R，即相关性（Relevance）、反应（Reaction）、关系（Relationship）和回报（Reward）；所谓的 4V，即差异化（Variation）、多样化（Versatility）、价值（Value）和共鸣（Vibration）；所谓的 4I，即趣味性（Interesting）、利益（Interest）、交互（Interaction）和个体性（Individuality）。从 4P 到 4C、4S，是以产品为中心转向以客户为中心；进而发展到 4R、4V 和 4I，是从规模化到个性化，从个性化到个体化。不管是 4P、4C、4S、4R、4V，还是 4I，本质目的是如何打动客户，让客户爱上"我"，而不要投入竞争者的怀抱。

14.2　营销的主要工作内容

如图 14.2 所示，营销领域的工作虽然很繁杂，但主线还是比较明确的，即先了解客户，再拥抱客户，前者可称为客户洞察，后者可称为客户体验。客户洞察以关系构建为中心，其业务支撑是客户画像。客户体验以交互和体验为中心，其落脚点是客户体验旅程的精心设计和建设。

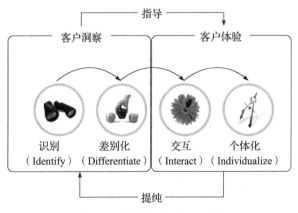

图 14.2　营销的主要工作内容

14.2.1　关系

客户洞察的核心在关系。所谓关系，指的是企业在客户心目中的影响力如何，或者说，客户在产品和服务的选择方面对企业是否有忠诚度及忠诚度几何。

萝卜青菜，各有所爱。企业与客户之间的关系如何，决定了企业与客户以何种形式结合。知彼知己，方能百战百胜，企业与客户之间关系的构建，要从了解客户做起。企业对客户的了解越准确、越具体、越全面，就越可以为客户设计和选择有针对性的交互方式、产品或服务。从这个角度来说，所谓的客户洞察和关系构建，又可分为两个步骤的行动：识别和差别化。

客户洞察的工作做好了，就可用于指导客户体验的设计和交付。如果企业与客户的关系还尚未建立，或者说，企业对客户知之甚少，企业则可以通过 A/B 测试来猜测客户的偏好和行为。

14.2.2　交互

客户体验的核心在交互。所谓交互，指的是企业以什么样的形式和内容来与客户进行交流和互动，具体包括交互和个体化两个方面的活动。

好的交互可以为客户带来高度的参与感和愉悦感，这来自客户体验旅程的精心设计和实现，如图 14.3 所示。

所谓客户体验旅程，是一种描述客户在使用产品或者服务时的体验，及其主观反应和感受的方法。好的客户体验旅程要求研究客户所有接触点上的体验是什么，以及在此过程中的感受，目的是找到 / 找准客户的痛点并快速将其解决。客户体验旅程在设计、市场、营销、内部流程优化等方面都可以发挥积极的指导作用。

如图 14.4 所示，在营销学中，有所谓的 ZMOT（零关键时刻）法则。ZMOT 法则告诉我们，客户在下单选择和购买某个企业的产品或服务之前，已经通过相关渠道对企业、企业的产品或服务做了详细的了解，并基于此做出了相关的决策。因此，客户体验旅程设计不仅要关注决策和购买环节的交互和体验，更要注重认知和评估环节的交互和体验。

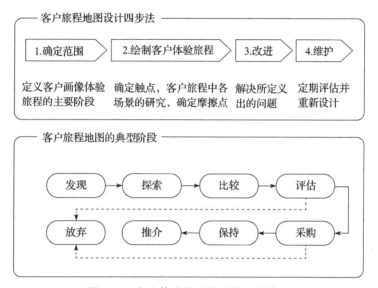

图 14.3　客户体验旅程的示意和设计

交互和体验的结果将会影响到企业与客户之间的关系。具体来说，好的交互和体验会强化、美化企业在客户心目中的定位；差的交互和体验会弱化、丑化企业在客户心目中的定位。营销大师们告诫我们，要想把客户对企业的知名度转化为美誉度，尤其要注重客户体验旅程的设计。

在营销工作中，关系与交互之间的相互关系，也可以用 GKG 模型或AARRR 模型来描述。所谓 GKG 模型，指的是用三个主要环节来概括营销活动：获取（Get）、保留（Keep）和增长（Grow）。获取指的是有商业价值的客户的获得。保留包括优质客户的保留、战胜和劣质客户的剔除。增长活动则包括向上营销、水平营销（交叉营销）、重复购买、转介绍和服务成本的优化。所谓 AARRR 模型，指的是用五个环节来概括营销活动：获取、激活、留存、变现和推荐，如图 14.5 所示。

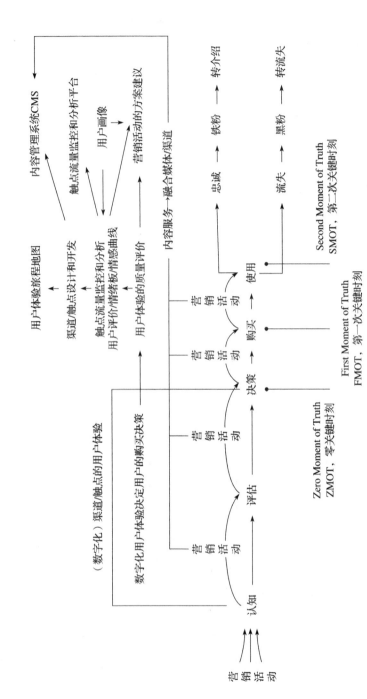

图14.4　客户体验旅程在营销中的作用

图 14.5　营销活动中的 AARRR 模型

14.3　营销的商业目的

从商业角度来讲，营销活动的最终目的是交换、买卖和成交。对企业而言，付出的是产品、服务、内容和资源，获得的是客户的时间、关注度、认同和金钱。对客户而言，付出的是时间和金钱，获得的是内容、产品、服务等带来的功能、便利和愉悦感。

如图 14.6 所示，从商业角度出发，我们可以采取端到端的视角来看营销活动的效率和效益，具体包括接触到线索（Interaction to Lead，I2L）、线索到机会（Lead to Opportunity，L2Op）、机会到报价（Opportunity to Quote，Op2Q）、报价到订单（Quote to Order，Q2Or）和订单到收款（Order to Cash，Or2C），而具体的关键业绩指标包括吞吐量、转化率和周期时间。

图 14.6　营销活动的端到端管理

吞吐量指的是某个环节中信息量（包括客户数据量和营销单据量）的大

小，关乎的是流量；转化率指的是上游业务递进到下游，或者说，上游数据和单据转化为下游有效数据和单据的百分比，关乎的是效率；周期时间指的是某个营销环节的完成时间，关乎的是速度。

14.4　营销的技术工具概览

从数字化角度来看，营销的技术工具和数字化手段主要立足于三个方面：**数据、场景**和**流程**。

数据指的是企业把自身情况传递给客户，以及企业对客户的全方位了解。就对象而言，营销数据包括企业数据、产品或服务的数据和客户数据；就特点而言，营销数据中既有结构化数据，也有非结构化数据，人工智能在营销领域的应用，可以帮助企业有效地认知和使用非结构化营销数据。营销技术工具的应用和数字化建设的目的，就是通过有效的手段和渠道，一方面，把企业"伟光正"的一面传递给客户，在客户心目中建立良好的品牌形象；另一方面，尽可能 360° 无死角地了解客户的社会属性、需求偏好和行为特点，以便企业为其提供针对性、个体化（1 for 1，特别的爱给特别的"她"）的服务。有的企业把营销数据的技术手段称为数据中台。

场景指的是企业与客户进行交流和互动的渠道、触点、界面和路由。全渠道、移动化、简单化、所见即所得等，是场景设计的主要要求。场景的设计最终将影响到客户体验的好坏，所谓"人靠衣装马靠鞍"，人与人之间的交往如此，企业与客户的交互也如此。有的企业把场景化交互和体验背后的技术支撑称为业务中台。

如果说数据和场景的重要性主要体现在营销环节的前段和中段，那么端到端流程管理的重要性则主要体现在营销环节的后段。在营销的数字化建设中，端到端的流程管理可以帮助企业提高营销效率，优化和降低营销成本。有的企业把端到端营销流程管理背后的技术手段称为营销自动化。

营销领域可能用到的技术工具和数字化手段的概览如图 14.7 所示。

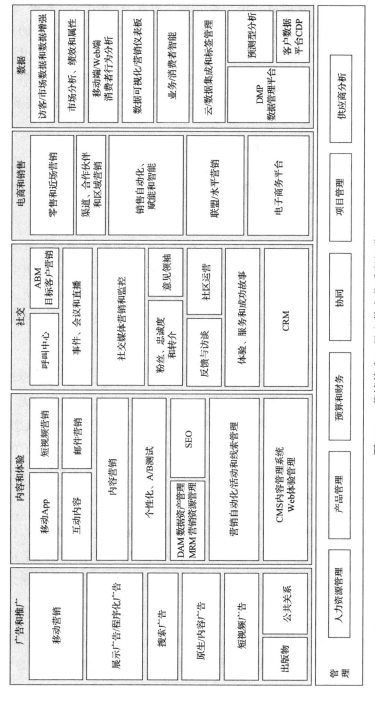

图 14.7　营销技术工具和数字化手段概览

在企业的经营管理活动中，要么是"为人"，要么是"处事"。"处事"的核心要求是"理"（循序渐进）和"义"（合理和谐）。"为人"的核心要求是"仁"（以心换心）和"信"（信任拥护）。"处事"和"为人"的共同要求是"智"（做正确的事和正确地做事）。就企业的营销实践而言，"处事"和"为人"都重要，但"为人"比"处事"更重要，"为人"的主旨是关系的构建，落脚点是交互和体验。

14.5 扩展阅读：数字化营销方法论

人是感性的动物。因为感性，才会"古来圣贤皆寂寞，惟有饮者留其名"；因为感性，人们记住了苏东坡的"但愿人长久，千里共婵娟"，却少有人知其引以为傲的《东坡易传》。眼有所视，耳有所听，口有所品，身有所触，普通人的日常生活，普通人的喜怒哀乐，无一不是感性的产物。

从吸引用户的关注开始，到获得用户的青睐，让用户把"心动"付诸"行动"，将潜在客户转化为保有客户，把用户转化为"粉丝"，无一不是围绕用户体验来展开，有人称之为**体验营销**。同样，与少年男女谈恋爱类似，营销管理中的主要内容——STP，S（Segmenting，市场细分）、T（Targeting，目标选择）和P（Positioning，定位），本质上是营销活动中的"门当户对"和"萝卜青菜，各有所爱"。

企业与用户"谈恋爱"的背景和形式，我们称之为"场景"（Scene）；企业与用户"谈恋爱"的过程，我们称之为"用户旅程"（User Journey）。企业与用户交流和沟通的场景设计和选择也非常重要，有人称之为**场景营销**。

企业与用户进行的交互场景中，需要有合适的场景要素，它们可能是有形的产品，可能是无形的服务，可能是相关的资讯，可能是情感的交流，我们可以将其统称为"内容"。对于营销场景中"内容"的设计和选择，有人称之为**内容营销**。

如上所述，营销活动的本质是为用户提供好的"体验"，"体验"的发生场所是"场景"，"场景"的构成要素是"内容"；而营销的目的是通过好的"内容"构建好的"场景"，通过好的"场景"实现好的"体验"，通过好的"体验"实现用户满意和商品交易。如果说数字化营销是新型的营销方式，那么数字化就要服务于"内容"，服务于"场景"，服务于"体验"，进而服务于客户满意和商品交易。在这些服务过程中，数字化既是形式，也是内容；换句话说，数字化既是"内容"、"场景"和"体验"的实现过程，也是"内容"、"场景"和"体验"的组成部分。

概言之，人、场（场景）、品（内容）、单（订单／单据／数据流）是数字化营销的核心要素，围绕人、场、品、单来设计、构建和优化用户的体验旅程，以内容构建场景，以场景塑造体验，以体验凝聚忠诚，以忠诚促进增长，是数字化营销的基本方法论。

我们可以用图 14.8 来概括数字化营销方法论的核心内容。

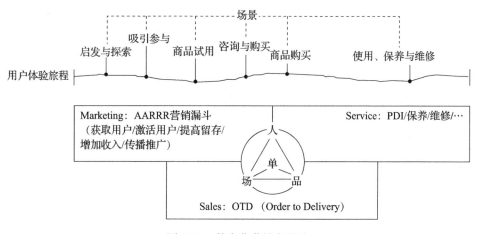

图 14.8　数字化营销方法论

14.5.1 核心要素

人、场、品、单是数字化营销的核心要素。

数字化营销中的"人"，既包括 C 端的用户，也包含 B 端的营销代表、客服经理等。不同的人，其诉求不同，用户界面和关注的信息内容也不同。所谓"特别的爱给特别的你"，好的"体验"始于对人的个性化理解，这需要借助用户画像来达成。借助一句时髦的话，营销领域的用户画像是企业重要的数据中台之一。

数字化营销中的"场"，指的是企业与用户进行互动的交互场景和企业营销活动的展现形式。场景的形式多种多样，每一种场景就是一个营销渠道，它们可以是网站，可以是微信小程序，可以是 App 等。不同的场景有各自的特点，企业要做的是以用户为中心，想用户之所想，为用户提供各种必要的场景，我们也称之为**全渠道营销**（Omni Marketing）。从场景的实现角度看，一类场景就是一个 IT 系统或 IT 应用。

数字化营销中的"品"，也称之为内容，包括有形的商品、无形的服务、企客之间的互动、用户之间的社交、相关的资讯，等等。数字化营销对"品"的要求，既要有多样性，也要有一致性；前者代表"颜值"，后者代表"品质"。对用户而言，内容既要能"钻石恒久远，一颗永流传"，也要"人面不知何处去，桃花依旧笑春风"。

数字化营销中的"单"，指的是企业与用户交流互动的记录和结果，包括意向单、销售线索、商品订单、服务请求、客户评价，等等。"单"是营销活动中商业价值的流转、转化和体现。所谓的问题导向、结果导向和目标导向，对企业而言，营销活动的最终目的是客户满意和业务增长，这就需要通过各种"单"来实现。

从目的的角度看，营销就是"做单"。

14.5.2　用（客）户旅程

传统的信息化建设从业务流程设计开始，是基于流程的信息化；数字化营销则是从用户旅程设计开始，是基于场景的数字化。可以说，用（客）户旅程是数字化营销的着力点，营销数字化建设的主要内容就是基于用户旅程的设计来实现数字化的营销场景。

如果说以 ERP 为代表的企业信息化建设，是通过 ERP 等 IT 系统来实现和优化各种业务运营流程，那么数字化营销的建设，就是通过相关的 IT 系统或 IT 应用，来实现用户体验旅程中的各种场景。ERP 所支持的业务运营流程有其最佳行业实践，数字化营销中的用户体验旅程也有其基本的演进路径，比如从启发和探索开始，到吸引和参与，再到试用和购买，再到使用和保养，乃至淘汰或换代，等等。

14.5.3　数字化

数字化营销，营销是主语，数字化是形式，因此数字化营销也同样符合企业数字化的基本特征。从进化路径来看，互联化、可视化、透明化、可预测和自适应的数字化发展的五个阶段，也是数字化营销的建设和改进方向。

全渠道体验就是互联化，对用户场景和营销渠道的触点监测就是可视化，根据触点流量的监测来优化营销策略和用户行为是透明化，根据 AARRR 营销漏斗中触点流量的监测来预测转化率和销量是可预测，根据用户画像和偏好来针对性地调整营销内容和策略是自适应。

数字化营销五段式发展和优化的着力点在于场景和渠道中触点流量和用户行为的监测，这也是相比传统零售和线下营销，所谓线上营销或"新零售"的魅力所在。有了触点流量和用户行为的监测，企业就能像蜘蛛那样"功盖三分国，名成八阵图"，有人称之为**数字营销**，如图 14.9 所示。

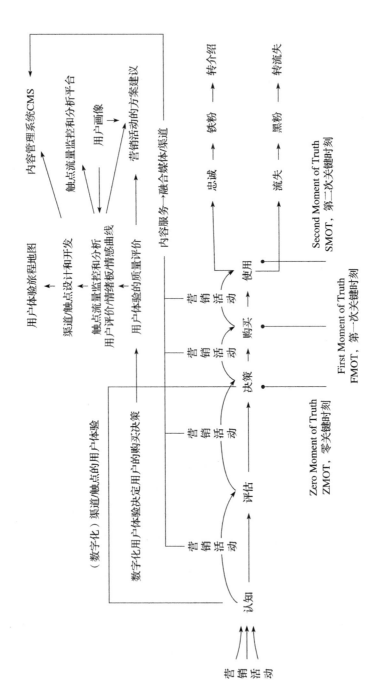

图 14.9　数字化营销中触点流量的监测

整体系统模型思维

在世界科技发展史上，主要有两类认识方法或认识论。其一是以西方科学的结构还原论为代表，其二是以中国科学的整体系统论为代表。结构还原论是从结构的角度，把事物层层分解，从分子到原子，从原子到微子，从微子到夸克，由大到小不断地分解，以求得事物构成的本源。整体系统论是从行为的角度，把事物当成一个整体去认识它的各种属性和行为，从而有事物的不同行为的划分。结构还原论和整体系统论的目的都是为了求得事物的"真"。

在认识事物的"真"方面，结构还原论和整体系统论各有利弊，前者的优点在可观、可量，后者的优点在整体、全面。在本章中，笔者重点谈谈整体系统论及其指导下整体系统模型思维的特点，将分别从系统、运营和设计的角度来谈。

15.1 系统思维

从全息思维的角度看，数字化建设的要求和方法与企业整体的经营和管理，具有很多共通之处；也就是说，企业经营管理上的知识和认知同样适用于数字化建设工作，这首先体现在整体系统思维上。

在系统学家看来，任何事物都可视为一个系统。如图 15.1 所示，我们认识一个系统，可以以不断迭代的方式，从功能、结构、过程、背景等角度的相互依赖和融合，从融合后的整体来理解。

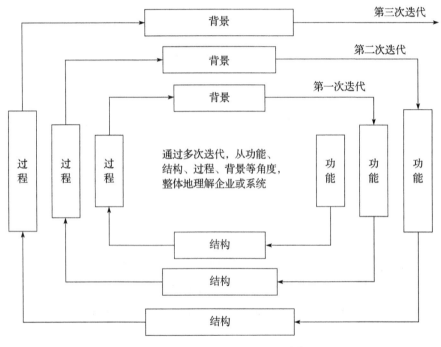

图 15.1　系统思维的示意图[4]

功能指的是系统的输出或效用，或是系统所处背景中利益相关者对它的期望和要求。结构指的是系统的构成要件，以及要件之间的关系，它们是系统之所以能够存在和运行的物质基础。过程指的是在结构的支撑下，功能得以实现并与利益相关者进行互动的作业流和发展阶段。通过对背景、功能、结构、过程的迭代式理解，我们既可以掌握系统的局部，又可以认知系统的整体，并可以解释任何一个事物，大到社会，中到企业，小到团队和个人，抑或是企业的产品、服务或商业模式。

从背景、功能、结构和过程的角度，对事物的认知，是架构设计的前提。

15.2 运营思维

以迭代的方式，通过对背景、功能、结构和过程的理解所建立起来的系统认知，毕竟还是思想和观念上的，我们还需要认知系统的现实，需要以活体、动态、实时的方式去认知系统，这就是运营思维。

要想动态地认知系统，可以通过认知系统的过程特性和产出特性来实现。任何一个系统，其过程特性无非是时间、成本、弹性等方面，其产出特性就是其质量特性。系统要优化，可以在时间层面上缩短循环时间，从成本角度消除浪费，也可以是产品、时间或品种上的弹性。通过建立监控和计量系统，我们可以对系统的过程特性和产出特性进行监控和计量，并将其与利益相关者的期望或企业的经营管理目标相匹配，以指导后续对系统的持续改进。如果多次的持续改进还不能满足利益相关者的期望或企业的经营管理目标，则要考虑对系统进行重新设计。实际上，从图 15.2 中也可以看出，主流

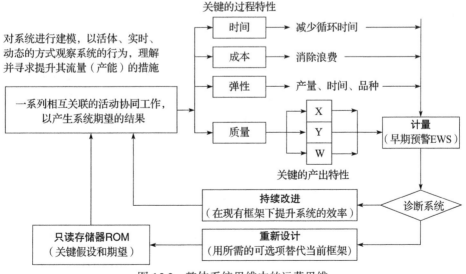

图 15.2 整体系统思维中的运营思维

的管理思想和方法，比如精益、TOC、6 Sigma、大规模定制等，其实都是运营思维指导下的具体实践。

15.3　设计思维

人类区别于动物的根本之处就在于人类不仅会使用工具，还会创造工具。当旧有的体系和方法还不能满足我们的需要，或是适应不了新形势的变化时，我们就要对旧体系、旧系统进行重新设计，重新设计它的功能、结构和过程，以适应新形势、新背景下的新需要，这就是设计思维。一句话，设计思维就是重定义。在数字化建设中，设计思维就是软件定义世界。

重定义不是对过去的彻底否定，而要对过去做必要的继承。变化一直在发生，要想对变化进行从容和优雅地应对，我们就要进行模块化设计，以实现模块化基础上动态的系统结构和过程，即系统的可配置。模块化设计的精髓是内部功能的高度集成和外部依赖的最小化，也就是所谓的内部功能的高内聚和外部依赖的低耦合。具体到数字化建设中，企业服务总线、微服务、中台等，就是数字化能力的模块化。

重定义不能在旧方法、旧方式下进行，要善于打破陈规和现有约束，先从最理想化的角度来定义系统，然后通过不断的迭代来完成现实的实现，这就是设计思维中的交互设计。交互设计是从理想到现实的迭代路径。

如图15.3所示，通过模块化设计，我们可以将内部能力进行有机组合。通过交互设计，企业的内部能力和外部的市场机会不断进行匹配，以找出其中的最佳匹配关系，从而完成系统的有效输出，这其实也是企业架构的主要工作内容。

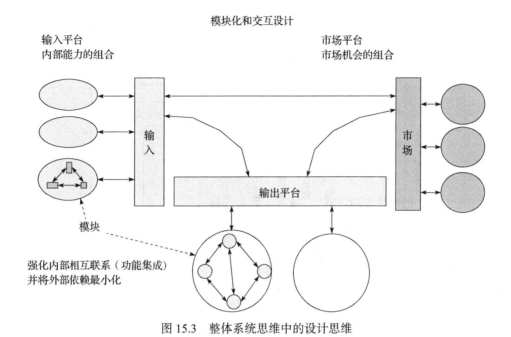

图 15.3　整体系统思维中的设计思维

15.4　扩展阅读：数字化成功之钥

15.4.1　数字化之法

前文说过，数字化的工作范式是应用数字化技术对企业运行的现实世界进行解构、转换、建模、表征和统驭，其形式上的要求是数字世界的真实度，也就是数字世界与现实世界的策应。从这个层面说，数字化之法包括战略策应、变化策应和长短策应，即用企业架构来指导数字化建设和转型的实践，如图 15.4 所示。

（1）战略策应

战略策应，指的是数字化战略要服务于企业的发展战略，其内容包括数字化原则对企业发展原则的响应，以及数字化能力对企业发展能力的响应。

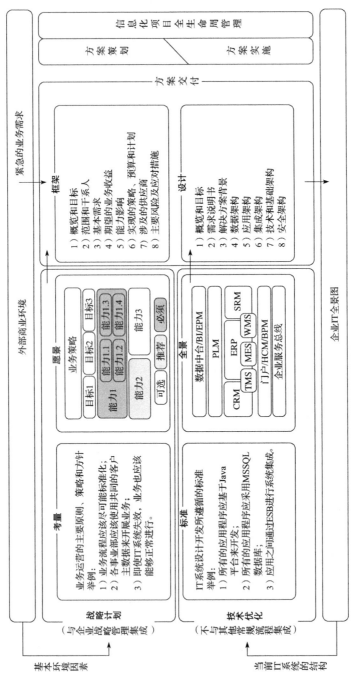

图 15.4　企业架构在数字化建设和转型中的指导作用

企业发展原则包括企业在多大范围、何种层面上要求业务流程的标准化和数据的集成化、共享化。企业发展能力以运营模式、能力地图、价值链等为代表，它们需要数字化能力，即数字化应用组合或全景图作支撑和赋能。

（2）变化策应

变化策应，指的是当下的数字化建设和转型工作要充分体现出企业在环境变化、业务痛点、创新举措等方面对数字化的即时要求。

近几年来，就数字化工作热点而言，大家谈得比较多的是所谓的中台。其实，从企业架构的角度看，所谓的中台根本不是什么新概念和新举措。企业架构所追求的是企业业务能力和 IT 架构在开放性、扩展性、适应性、高复用等方面的要求，涵盖了所谓中台的全部内涵，而且企业架构自提出以来是一以贯之的。在这里，笔者不是否定所谓的中台，而是希望大家不要被所谓的热点所迷惑，希望大家回到常识来看待各种变化。

（3）长短策应

长短策应，指的是短期性数字化工作与长期性数字化建设之间的平衡，是以生、长、衰、老、死的生成规律和革故鼎新的进化法来持续优化企业的数字化能力和架构，让数字化建设既可满足短期的业务需求，也可支撑业务的长期发展，让数字化能力的发展始终跟上业务发展的步伐，甚至局部引领业务的发展。

以战略策应、变化策应和长短策应为主要内容的数字化之法，是以企业架构为指导的数字化建设和转型实践，是数字化工作的规律性要求。将这些要求持之以恒地落实到日常数字化工作中，数字化一定能给企业带来应有的价值和效益。但是，企业毕竟是生存在不断变化的市场环境中，数字化建设要想发挥其久久之功，还要能够通变，能够帮助企业持续响应市场变化，笔者称之为数字化之道。

15.4.2　数字化之道

企业中的变化有大变化和小变化，大变化衍生出小变化，小变化服务于大变化。企业中的大变化主要指发展战略的调整，而小变化则主要是业务操作的优化。为了响应市场的变化，不同的企业，企业在不同的时期，采取的发展战略会有所不同，但大体上可归纳为以下三类：增长战略、效率战略或创新战略。这就要求 IT 人和 CIO 们具备与之相对应的整体思维、运营思维和设计思维。

（1）整体思维

增长战略是"大鱼"吃"小鱼"。企业采取增长战略，要么是丰富产品种类，要么是开拓新的市场，要么是兼并收购，等等。这些举措的落地，是在某种背景下通过功能、结构、过程等企业系统要素的多次迭代来完成的。其中，功能指的是系统所需产生的效用（Outcome），结构指的是企业系统的产品、业务或组织单元，过程指的是通过结构的运行来实现系统功能的过程。通过背景、功能、结构和过程的视角，以研究其相互作用的机理为主旨的整体思维，理解企业增长战略背后的逻辑，并为企业提供相应的数字化解决方案。

（2）运营思维

效率战略是"快鱼"吃"慢鱼"。企业采取效率战略，是在不改变商业模式的情况下，通过时间、成本、质量、弹性等关键过程特性的优化和领先，来战胜竞争对手。如果企业采取了效率战略，就要求数字化建设能够对企业运营系统进行建模，以活体、实时、动态的方式观察系统的行为，理解并寻求提升其流量（产能）的措施，如图 15.5 所示。

（3）设计思维

创新战略是"新（美）鱼"吃"旧（丑）鱼"。企业采取创新战略，是通过产品或商业模式的创新，用新的游戏规则来参与市场竞争。要理解和响应企业的创新战略，需要具备设计思维的能力。

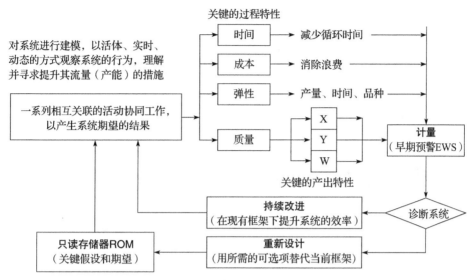

图 15.5 效率战略与运营思维

设计思维是颠覆式创新，是以新的生产关系、产品结构或服务形态来参与市场竞争。对数字化建设和转型工作而言，创新战略下的设计思维，要求企业的数字化能力先解构，再重构，并在重构的过程中导入颠覆性技术。因此，功能上高内聚、关系上松耦合，以及颠覆式数字化技术的整合，是创新战略下数字化能力的主要特征。

数字化转型思维

16.1 来自实际案例的启示

无疑，数字化、数字化转型和数字经济是近几年兴起的社会和经济热点之一。至于什么是数字化，什么是数字化转型，什么是数字经济，不同的人有不同的理解和答案，而这方面的著作也算是汗牛充栋。在这里，笔者还是想花一些篇幅来谈数字化和数字化转型思维，主要是受到了几个实际案例的启发。

前不久，笔者应邀给浙江某地的企业家协会做了一个企业数字化方面的培训报告。报告中谈到浙江的制造业，其实也可以说是中国的制造业所面临的几个问题：

1）市场和客户对产品的质量要求越来越苛刻，环保要求和用工成本越来越高，而产品售价在近 20 年中不仅没有提高，甚至还有所下降，导致制造业的钱越来越不好赚，如图 16.1 所示。

2）很多年轻人宁愿去送外卖也不愿意进工厂上班。随着老一辈产业工人的老去和退休，制造业的用工荒就越来越严峻。同样，很多企业家的后代热衷于搞投资而不愿意接班，因为制造业做起来太累。

3）有些企业虽然导入了精益、TOC、ISO 质量等管理体系和方法，但是企业的经营效率并没有得到明显的改善，交货不及时、库存积压等问题仍然比较普遍。

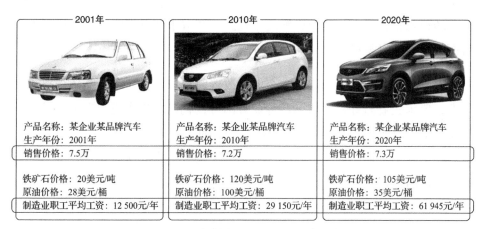

图 16.1　近 20 年制造业所面临的经济环境缩影

也许是与会的企业家对上述问题感同身受，会议结束后，有几个企业家当场就与笔者交换了联系方式，并邀请笔者到他们的企业去做现场交流和调研。会后，笔者也查阅了部分已经在证券市场上市的制造企业的财务年报。通过对库存周转率等关键经营业绩指标的分析发现，不同企业的表现差异很大。以年度库存周转率为例，好一点的企业能做到 10 以上，而不理想的企业只能维持 4 不到，这意味着大量的库存积压和资金占用。

为了改善企业的库存周转率，办法有很多，比如导入精益生产体系、TOC 等。如果与数字化相结合，数字化建设能不能帮助企业提高库存周转率？（需要补充说明的是，这些企业大部分都实施和应用了 SAP 或其他品牌的 ERP 系统。）如果数字化能解决这个问题，那么应该怎么做？难道把 ERP 没有用好的原因又推诿到企业管理不规范、流程设计不合理、业务变化太快等方面？

16.2　数字化转型思维的核心

　　既然大家在各种场合大谈特谈数字化转型的价值和必要性，那么数字化转型就应该敢于和善于"硬碰硬"，应该帮助企业解决经营管理中的各种问题，比如库存周转率的改善，而不应该设置太多前提条件，总是把数字化成效不显著的问题推诿到管理不规范上去。因此，笔者说企业的数字化转型需要有转型思维，数字化转型思维的主题就是要敢于和善于将企业生存发展中所面临的各种问题转化为数字化的问题。

　　以改善库存周转为例，要求企业从改善跨部门协作入手以缩短订单交货周期，要求企业做好销、供、产等业务的可视化以实现供应和需求的精确匹配（如图 16.2 所示），要求企业做好流程贯通、职能贯通、数据贯通、系统贯通和运营治理体系的建设，通过对交货周期、成本、质量、柔性等指标的监测和诊断，推动基于流程集成和数据驱动的订单交付体系的持续改善。

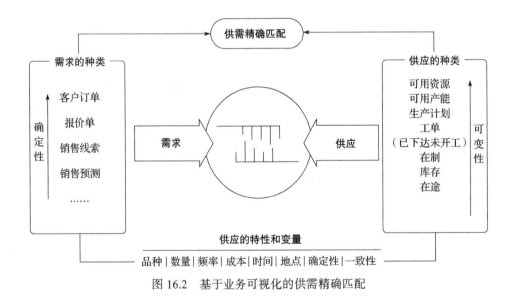

图 16.2　基于业务可视化的供需精确匹配

　　更进一步地讲，流程集成不是简单地进行系统集成和数据对接，否则也不一定能确保流程效率的提高和订单交付周期的缩短。为了达到上述目的，企业还需对流程的运行进行监测，并对运行效果不符合目标或预期的流程进行根因诊断，以识别改进的方向并制定相应的措施，这就是所谓的流程挖掘和流程智能，后两者属于数据分析和数据驱动的范畴。也唯有如此，流程集成和数据驱动才算是实现了有机的结合，如图 16.3 所示。

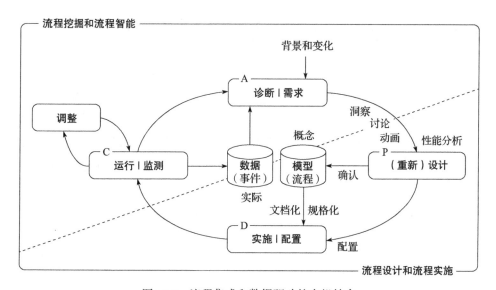

图 16.3　流程集成和数据驱动的有机结合

因此，通过上述工作，我们把企业经营管理中存在的问题转化为流程集成和数据驱动的问题，而不是一味地推诿到企业管理不规范或是要求企业导入精益生产体系上去。换句话说，数字化要敢于和善于向企业所面临的各种问题"亮剑"，敢于和善于给企业"开药方"。唯有如此，才算是真抓实干的数字化转型思维。

回过头来看，很多企业虽然实施和应用了 SAP 等 ERP 系统，但并没有对系统中的业务流程进行监测，更没有对运行不理想的业务流程进行问题诊断和持续改进。系统上线一段时间以后，随着业务的变化和数据的积累，不仅系统的运行速度变慢，而且系统运行的细节仍然还是"黑箱子"，这样的

ERP 系统实施应用能给企业带来明显的经济效果才怪呢！

如上所述，数字化转型思维的核心是"转换"，即敢于和善于把企业所面临的各种问题转换为数字化建设的问题；进一步来讲，转换为要素联结、流程集成、数据驱动、场景体验和模型仿真的问题。

16.3　数字化建设中的要素联结

互联网、移动互联网、物联网、车联网、消费互联网、工业互联网等，不管是什么样的形式或叫法，它们最基本的特点是"网"，解决的是要素之间的联结。如果联结的问题解决好了，人与人之间、人与物之间、人与环境之间、物与物之间、物与环境之间，就可以实现跨越地域和时间限制的沟通，企业就可以实现更大广度和更深深度地对要素进行整合，可以以更低的成本和更高的效率获取所需的资源，并以更快的速度触达更广阔的市场。

要素联结是数字化建设的首要赋能形式，ERP、CRM、PLM、MES、电子商务、工业互联网等，首先实现的都是相关要素的联结。

很多互联网企业就是因为充分利用了基于数字化的要素联结，才成为所谓的"独角兽"。

16.4　数字化建设中的流程集成

因为有社会分工，单个工种日趋专业化，单个岗位或个人的工作效率也更高；因为有社会分工，不同专业之间的隔阂越来越深，企业中的部门墙也越来越厚，越来越高；这是事物矛盾两面性的必然。流程集成解决的就是跨企业、跨部门、跨岗位之间的协同，将原本的"多"整合为"一"，也就是

《道德经》里所提倡的"得一"。

工业 4.0 的重点举措是"三项集成",即纵向集成、端到端集成和横向集成。

纵向集成解决的是企业中决策层、管理层、执行层、操作层等各个垂直层面之间信息的双向贯通,包括决策和计划信息自上而下 100% 不失真地快速下达及现场操作和执行信息自下而上 100% 不失真地实时反馈。

端到端集成指的是产品定义、工程变更等与产品或工艺有关的信息在市场、研发、采购、生产、物流、服务等不同专业部门之间的有序发放,以确保在正确的时间,正确的地点,把正确的信息发送给正确的人。

横向集成指的是企业与上游供应商和下游经销商或客户之间的业务协同,其目的是在产业链中供应和需求信息可视化的基础上,尽可能地消除供应链的牛鞭效应,并实现供应信息和需求信息的精确匹配,实现最大程度的精益。

研究表明,企业的经营绩效不佳,主要原因是企业内各部门之间,或是企业与上、下游合作伙伴之间存在大量的业务脱节和"灰色地带",而这正是流程集成的使命所在。

16.5　数字化建设中的数据驱动

凡事预则立,不预则废。组织的"预",要建立在数据的业务洞察基础上,这也就是所谓的数据驱动的业务决策。如图 16.4 所示,根据洞察的及时性和内涵的不同,数据洞察可以有描述性分析、诊断性分析、预测性分析、规则性分析等不同形式,而且后者的价值比前者要大得多。

描述性分析所传递的是过去发生了什么,常见的有企业的经营日报、周报、月报和年报。

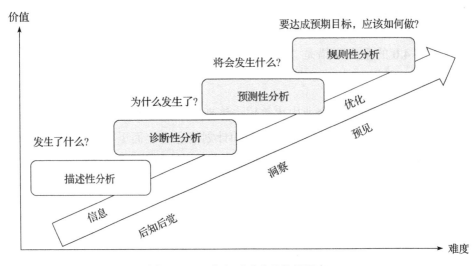

图 16.4　四种主要形式的数据洞察

诊断性分析所传递的是哪些事情发生了，其结果是否符合我们的预期。如果与预期有偏差，就要进行业务报警，并能告诉我们偏差的根因是什么。

预测性分析告诉我们的是未来将会发生什么，以便我们提前做好应对。预测性分析在设备维护、质量控制等领域已经有非常成熟的应用。以设备维护为例，修复性维护不如计划性维护，而计划性维护不如预测性维护，因为在预测性维护中，不仅设备的使用寿命较长，而且维护成本也较低。

规则性分析能够告诉我们的是为了达成未来的某个目标，我们应该如何来计划和组织，应该采取什么样的行动。规则性分析类似于自适应，已经接近真正的智能化了。

16.6　数字化建设中的场景体验

在营销领域中，用户体验已经成了营销工作的焦点，提升用户体验是营销工作的主要方向和目标。通过数字化建设，组织可以为用户提供精简、直观、交互式和个体化的体验。

数字化用户体验的核心在场景的设计。通过对用户体验旅程的研究，组织可以把用户体验旅程分解成一个个的触点和场景。在每一个场景中，只展现当前所需的信息，因而可以做到精简和直观。每一个场景都可与云端的数据和服务连接，可以根据用户的操作和反馈进行实时的响应和交互。通过用户画像，组织可以了解用户全方位的信息，包括用户的需求和行为偏好，再与场景相结合，可以为每一个用户推送他感兴趣的信息，达到千人千面的效果，真正做到"特别的爱给特别的你"。

16.7　数字化建设中的模型仿真

数字化建设的另一革命性变化是基于数字孪生技术的模型仿真的应用。

根据陶飞博士等人的说法，如图 16.5 所示，数字孪生由五部分组成：物理实体、虚拟实体、数据、服务和连接。物理实体代表的现实中的事物，比

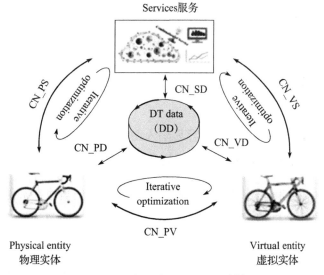

图 16.5　数字孪生的五要素[13]

如现实中的某台设备。虚拟实体是物理实体所对应的几何模型或其他形式的模型，通常来源于事物的三维 CAD 模型，也就是所谓的基于模型的定义（Model-Based Definition，MBD）。数据指的是包括物理实体的运行数据、虚拟实体的设计数据、存储和加工数据的云平台，等等。服务是从商业价值出发所开发的相关功能或应用。连接包括虚拟实体与物理实体的连接、物理实体与数据云平台的连接、虚拟实体与数据云平台的连接、物理实体与服务的连接、虚拟实体与服务的连接、数据与服务的连接，等等。

基于数字孪生的模型仿真正在企业的生态环境中发挥日益重要的作用。在设计领域，企业可以通过数字孪生来了解历史产品的表现和客户的需求偏好，为产品设计和参数定义提供现实的数据参考。在测试和验证领域，基于数字孪生的模型仿真可以部分或充分替代实物验证，从而大大降低测试和验证的成本，缩短产品的开发周期。在运行和服务领域，通过数字孪生，企业可以实时了解产品的使用情况，并进行参数优化的模拟和仿真，为持续改善提供更系统、更具操作性的改善建议。

在不久的将来，通过基于数字孪生的模型仿真，企业可以搭建类似于飞行器驾驶舱的数字化运营管理平台，从而大大降低运营管理的复杂度，让数字化成为企业 7×24 全天候无忧的好"管家"。

16.8　数字化转型与组织战略

谈到数字化转型，人们往往容易陷入两个极端：要么过分夸大数字化转型的威力，要么根本忽视数字化转型的必然。

过分夸大数字化转型威力的人们，把数字化转型当成一剂能治百病的灵丹妙药，好像什么事情都可以放入数字化的框框里，而忽视战略、组织、文化等方面的因素。

数字化转型应该服务于组织的战略，成长于数字化的文化土壤中。只有组织的战略定义清楚了，或者说战略方向没有走偏，再辅以数字化转型来落实，数字化转型才可能有成效。从这个角度来说，战略是"的"，数字化转型是"矢"，有"的"才能放"矢"。

如图16.6所示，数字化转型的本质是组织能力的重塑，而组织能力则服务于组织战略的实施。战略是选择做什么，能力决定了能不能做和怎么做。战略方向清楚了，能力建设的要求才能明确。当然，能力建设也可能影响战略的制定，这就是所谓的"有了金刚钻，才敢揽瓷器活"。因此，从事数字化建设的人们，不仅要有数字化转型思维，还要有战略思维，或者说，战略思维本身就是数字化转型思维的一部分。

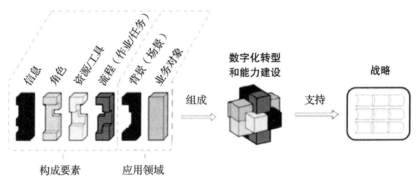

图 16.6　数字化转型、能力建设与组织战略

16.9　能力要素之间的融合和替代

所谓能力，是背景（场景）、业务对象、流程（作业或任务）、资源或工具、信息、角色等各种要素的有机融合。其中，背景决定了能力的要求，业务对象是能力的作用点，流程是能力的发生形式，信息、工具和角色是能力的使能，而使能要素之间是可以相互替代的。换句话说，就数字化建设而言，数据或技术的应用应该与背景、业务对象和流程进行有机的融合，还可以与其他工具、角色等使能进行合理的替代。就替代而言，可以考虑如何通

过数字化来减少不必要的人为干预，把人们从高强度、重复性的劳动中解放出来。如果从使能转换的角度来说，数字化转型考虑的是如何把组织和人的问题，转换为流程和软件的问题，最终归结为数据、算法和模型的问题。

如图 16.7 所示，以智能制造为例，作为制造业数字化转型的具体表现形式，智能制造的核心内涵是操作（加工 / 装配 / 物流等）的自动化、运营（计划 / 组织 / 沟通 / 协调 / 控制等）的数字化，以及企业经营管理决策的智能化，根本出发点是将人或组织的问题转化为工具、流程、软件或数据的问题，从而实现网络化、透明化、少人化、高产出、自适应的智能工厂和智能企业，让广大制造业能够赚钱，赚更多的钱，更长久地赚钱，更轻松地赚钱。

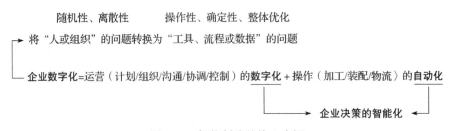

图 16.7   智能制造的核心内涵

综上所述，组织的数字化转型需要有数字化转型思维，而数字化转型思维就是要敢于向各种问题"亮剑"，敢于和善于把组织生存发展中的各种问题通过数字化建设来解决，通过要素联结、流程集成、数据驱动、场景体验和模型仿真的手段来解决，让数字化转型紧紧围绕组织战略来展开，把组织和人的问题转换为流程、工具、技术和数据的问题来解决。

16.10   扩展阅读：建设"四通一治"的交付能力

在日常工作中，笔者接触过很多年产值几十亿元，甚至几百亿元的制造企业。笔者发现，这些企业虽然实施和应用了很多 IT 系统，比如 ERP、

CRM、PLM、MES、WMS、APS 等，但整体绩效并没有得到显著提升。甚至可以说，提升企业的整体性能力已经成了这些企业难以迈过去的坎。这些坎迈过去了，企业就能从平凡走向卓越；这些坎迈不过去，企业就还是在平均线上挣扎。

企业的整体性能力有很多，订单交付能力就是其中的典型代表，尤其对广大制造企业而言。

订单交付能力，英文中的描述是 Order To Delivery，也有人称之为 On-Time Delivery，简称 OTD，涵盖了企业的营销、技术、计划、生产、采购、物流等主要业务环节和职能，是制造企业最主要的业务能力之一，是企业价值链的另一种表现形式，也是企业价值得以实现的主要过程。

如图 16.8 所示，制造企业的 OTD 体系，包括产品数据管理、线索管理与销售预测、销售订单管理、生产计划与控制、采购供应与内向物流及成品库存与外向物流六大模块。

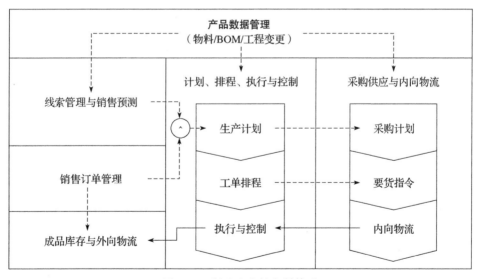

图 16.8　制造企业的交付体系

在以客户为中心的市场竞争中，准时交付无疑是确保客户满意的基本要求。为了实现准时交付，很多制造企业通常的做法是提前准备好一定的库存，从库存中直接发货，从而尽可能地缩短订单交付周期。然而，长期来看，预留库存的做法并不一定就能实现好的准时交付，毕竟企业不能不计成本地预留不受限制的库存。于是，我们发现了一个很有意思的现象：一方面，订单的准时交付率没有得到明显改善；另一方面，企业中原材料和成品库存却居高不下。

在笔者看来，要想寻求准时交付和库存适量方面的绩效改善，企业必须从供应链全局，从企业整体的角度，系统地优化企业的交付体系，具体的做法就是"四通一治"交付能力的建设，即流程贯通、职能贯通、数据贯通、系统贯通和体系治理，如图 16.9 所示。

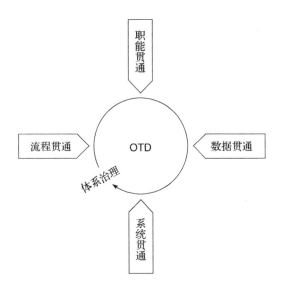

图 16.9　OTD 能力建设的"四通一治"

16.10.1　流程贯通

流程贯通是 OTD 交付体系建设和优化的首要工作。虽然，我们讲了几十年以流程为中心的组织和能力的建设，但要落实到位看来不是一件容易的事。OTD 交付体系中的流程贯通，要求把 OTD 体系的六大模块、模块与模

块之间如何衔接、每个模块的内部包含哪些具体的活动、每个活动的 SIPOC
五要素等都清晰地定义出来。俗话说的管理基础，其实主要讲的也就是这
个，而所谓的流程贯通，要求流程的定义和运行必须是端到端。

在流程管理和端到端贯通方面，大家已经谈了很多，此处就不作太多的
赘述。

16.10.2　职能贯通

OTD 交付体系的架构、模块、流程、活动等内容梳理清楚后，接下来
就是每项活动应该由谁来负责、谁来协作和谁来监督，也就是所谓的职能贯
通。职能贯通的主要内容包括 OTD 体系中协同机制的建设，决策点和管控
点的识别，以及职能矩阵的定义。

OTD 交付能力的建设不是某个岗位或某个部门的事情，而是需要企业中
各部门的高效协同，这就要求有相应的协同机制，具体来说，就是产供销协
同机制的建设。通常，制造企业中应该有产供销决策委员会和产供销协同小
组，通过例会、专题会等形式来推进 OTD 交付体系的持续改善和 OTD 交付
工作的日常协同。

产供销决策委员会和产供销协同小组的工作切入点是 OTD 交付体系中
的决策点和管控点。决策点规定哪个时间点的何种事项需要产供销决策委员
会来进行决策。管控点规定哪个时间点的何种事项需要进行重点关注，必要
时通过产供销协同小组的相关成员岗位来负责落实。OTD 体系中典型的决策
点包括零部件的自制或外购决策、销售预测和生产计划的联合评审、车间或
设备改造的项目评审、安全库存量的设定和调整审批，等等。OTD 体系中典
型的管控点包括生产订单更改策略、生产订单下达前的物料齐套检查、工程
变更的审批和下达，等等。

OTD 体系中决策点和管控点的具体要求必须落实到具体的岗位。如果是
跨职能的协同，就肯定不是单个岗位的事情，这就会有职责上的主次之分，

需要通过职责矩阵来予以明确定义。换句话说，职责矩阵规定了决策点或管控点中的工作要求应该是哪个岗位负主责，哪个岗位需要配合，以及应该由谁来监督和考核。

在笔者看来，企业中要是发生了相互推诿的情况，大体可以从协同机制、决策点和管控点的识别、职责矩阵的定义等方面寻找问题的原因和解决办法。

16.10.3 数据贯通

在 *System Thinking, Managing Chaos and Complexity* 一书中，作者把企业视为某种社会文化系统，而社会文化系统的特点是开放性、自组织和信息绑定。从这个角度来看，如果要建设成企业的整体性能力，OTD 交付体系中的流程贯通和职能贯通，还需要通过数据贯通来确保。

OTD 交付体系中的数据贯通主要包括产品数据的贯通和供需数据的贯通。

产品数据主要包括物料主数据、物料清单（这里主要指销售 BOM、制造 BOM 和服务 BOM）、工程变更等数据在技术部门与营销、生产、物流等部门之间的有序流转。比如，工程变更何时生效就要结合相关物流的库存量来做决策。

供应链管理的本质是供需平衡。因此，从数据的角度来看，OTD 交付能力的建设与供需数据之间的平衡和统驭密切相关，而供需之间的联动，实际上就是供应数据和需求数据的联动，从而才有所谓的 ETO、MTO、ATO、LTO、MTS 等交付模式的不同。

如图 16.10 所示，大体上，OTD 交付体系有预测驱动（推式 /Push）和需求驱动（拉式 /Pull）两大类，进一步细分的话，有面向订单设计（ETO）、面向订单生产（MTO）、面向订单定位（LTO）、面向订单装配（ATO）和面向库存生产（MTS）五种。在企业的实际运行中，上述几种模式需要结合使用。比如，对于完全定制的产品交付会使用 ETO，高度定制的产品交付会使用

MTO，模块化产品交付会使用 LTO 或 ATO，畅销性产品交付和通用半成品的交付会使用 MTS。

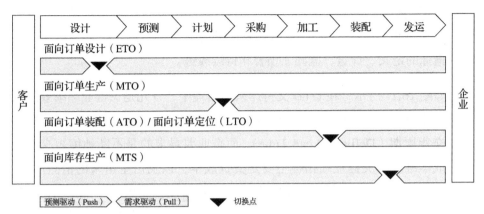

图 16.10　ETO/MTO/ATO/LTO/MTS 等交付模式的异同

在 OTD 交付能力的建设中，供需数据的贯通一则要求各种供需数据实时可视，二则要让销售预测数据尽可能真实，三则要求有机结合地使用不同形式的交付模式，寻求准时交付与库存适量之间的平衡，以实现企业绩效的整体最优。在此，笔者要着重强调的是不要走极端，不要要么是面向订单生产，要么是面向库存生产。多种交付模式的有机结合，关键在于产品需求特性的分析和分类，以及产品的模块化和结构解耦。

16.10.4　系统贯通

系统贯通，指的是 OTD 交付体系所涉及的各种 IT 系统之间的有效集成，具体包括 PLM、CRM、ERP、APS、MES、SRM、WMS 等系统之间的集成。系统贯通的目的是消除数据孤岛，并确保 OTD 交付体系中各类数据的集成、实时和可视。

16.10.5　体系治理

在笔者看来，管理方法千千万，但万变不离其宗，这个"宗"就是管理的 PDCA 循环。在 OTD 交付能力的建设中，OTD 的体系治理就类似于 PDCA 中的 A。

治理二字，"理"是方法，"治"是目的。"治"的要求和内涵是方向对头、方法对路、成效显著。"理"的要求和内涵是运营思维指导下企业关键业绩指标的定义、计量、监测、预警和持续改进。

如图 16.11 所示，在 OTD 交付体系的治理中，首先是关键业绩绩效的定义，具体包括时间、成本、弹性、质量等维度。时间维度的关键业绩指标主要是交货周期（Delivery Lead Time），而企业要寻求的是不断地缩短交货周期。成本维度的关键业绩指标主要是交货成本，以及衍生出来的消除浪费、库存周转天数降低、生产均衡性，等等。弹性维度的关键业务指标包括交付体系在订单批量上的弹性、订单品种上的弹性、插单或订单更改所导致的交货时间上的弹性，等等。质量维度上的关键业绩指标主要指从订单创造到产品交付全过程的交付一致性和可靠性。

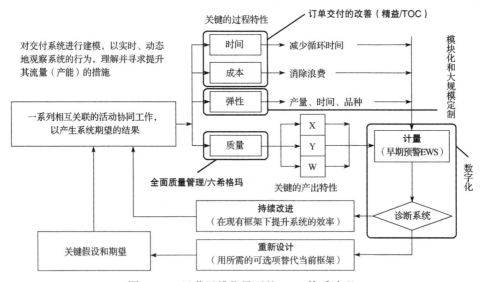

图 16.11　运营思维指导下的 OTD 体系治理

OTD 交付体系中的关键业绩指标（首先是全局性指标，其次是局部性指标）定义出来以后，就要对这些指标设定合理的目标值，然后对其进行计量和监测，在出现不良偏差时进行预警和溯源分析，再从流程贯通、职能贯通、数据贯通和系统贯通的角度入手去寻找改进措施，并定期回顾关键业绩指标的表现，制定持续改进计划，推进持续改善工作。

综上所述，OTD交付能力是制造企业需要提升的关键能力和整体性能力。俗话说，局部优化易，整体改善难。正因为其难，才成为平庸企业与卓越企业的分界线。中国制造要从大到强，提升制造企业的整体性能力是必然路径，OTD交付能力的整体性优化正当时。

后　记

金一南教授曾经说过："知识不是力量，只有能执行的知识才是力量。"具体到数字化建设工作，我们首先要识别什么是知识，其次才是如何将知识转化为力量。

数字化知识是什么？是编程语言、数据库、物联网、大数据、云计算等计算机和数字化技术吗？这些应该还远远不够。既然数字化技术是为社会和组织发展服务的，那我们还应该熟悉社会和组织的运行逻辑。只是了解社会和组织的运行逻辑还不够，还应该能够识别出社会和组织发展中所存在的问题，并尝试为这些问题开发相应的解决方案。因此，社会和组织的运行逻辑、社会和组织所存在的问题，以及可能的解决方案，构成了数字化知识体系中不可或缺的组成部分。否则，所谓的数字化技术应用就是无的放矢。

就社会和组织的业务现场及其存在的问题而言，数字化从业人员可能不如业务人员了解那么多细节，但前者的优势在于其结构化、系统性的思维能力，以及基于上述思维能力所形成的对社会和组织的整体认知，也就是所谓的不仅看到了树木，还看到了森林。从这个层面来说，数字化知识的获得首先得益于结构化、系统性思维能力的形成，而本书的目的之一，就是要通过各种形式的模型思维，帮助数字化从业人员构建出自己的结构化、系统性思维能力。

　　条条大路通罗马，问题的解决方案也肯定不会只有一种。既然数字化技术是服务于社会和组织发展的，数字化从业人员就要敢于、善于从数字化建设的角度来制定问题的解决方案，把社会和组织中所存在的各种问题转换为网络、算法、应用、软件、数据等数字化建设和服务的问题，并且更进一步，还要确保数字化解决方案是问题的所有解决方案中成本最低、最有效、最彻底的解决方案之一，而这正是本书的目的之二。

　　如果说数字化转型是社会和组织的一场修炼，那么数字化转型思维就是数字化从业人员知识体系的提炼和深化，就是数字化力量的不断凝聚和爆发。从修炼的角度而言，数字化转型没有终点，数字化转型思维也没有固定不变的范式。

　　面向未来，拥抱变化，自我革新，砥砺前行，让我们时刻准备和奋斗着！

参 考 文 献

［1］ 丁少华. 重塑：数字化转型范式［M］. 北京：机械工业出版社，2020.

［2］ 丁少华. 演易：数字化的价值与方法［OL］. 2020.

［3］ STERMAN J D. 商务动态分析方法：对复杂世界的系统思考与建模［M］. 朱岩，等译. 北京：清华大学出版社，2008.

［4］ GHARAJEDAGHI J，KAUFMANN M. Systems Thinking：Managing Chaos and Complexity：A Platform for Designing Business Architecture［M］. 3th ed. San Francisco：Morgan Kaufmann，2011.

［5］ SIMON D. Business Architecture Management: Architecting the Business for Consistency and Alignment［M］. Cham：Springer，2015.

［6］ BERNARD S A. An Introduction to Enterprise Architecture［M］. AuthorHouse，2012.

［7］ KOTUSEV S. The Practice of Enterprise Architecture：A Modern Approach to Business and IT Alignment［M］. Melbourne：SK Publishing，2018.

［8］ KALE V. Digital Transformation of Enterprise Architecture［M］. Los Angeles：CRC Press，2020.

［9］ WESKE M. Business Process Management：Concepts, Languages, Architectures［M］. Berlin：Springer，2007.

［10］ HOPP W J，SPEARMAN M L. 工厂物理学［M］. 北京：清华大学出版社，2002.

［11］ MAGRAB E B. Integrated Product and Process Design and Development：The Product Realization Process［M］. Los Angeles：CRC Press，2010.

［12］ PEPPERS D，ROGERS M. Managing Customer Experience and Relationships：A

Strategic Framework［M］. Hoboken：John Wiley & Sons，2017.

［13］ TAO F，ZHANG M，NEE A Y C. Digital Twin Driven Smart Manufacturing［M］. London：ACADEMIC PRESS，2019.

［14］ PTAK C，SMITH C. Demand Driven Material Requirements Planning (DDMRP)［M］. South Norwalk：Industrial Press，2016.

推荐阅读

重塑：数字化转型范式

作者：丁少华 书号：ISBN：978-7-111-65574-9 定价：89.00元

本书从企业数字化转型的内外动因，以工业互联网为代表的数字化技术发展趋势，技术驱动的企业核心能力（连接、整合和创新）提升，包括产品和服务、运营体系、组织形态、商业模式等在内的全方位重塑，以及因此带来的业务增长等角度，阐述了企业数字化转型的基本范式。为了有效管理企业数字化转型工作，本书还阐述了转型过程中的数字化领导力和方法论。本书既有战略高度，也有落地方案；既有理论探索，也有案例分享；本书不仅对从事数字化转型工作的专业人员有所帮助，也值得组织的中高层管理者品读。

清华大学出版社理工分社　　　清华大学出版社网
中国北京海淀区双清路学研大厦　http://www.tup.com.cn
邮政编码:100084　　　　　　　清华大学出版社教师服务网
电话:(010)62770175 转 4119/4113　http://www.wqbook.com/teacher
传真:(010)62784897　　　　　服务邮箱
　　　　　　　　　　　　　　　huht@tup.tsinghua.edu.cn
　　　　　　　　　　　　　　　gonghr@tup.tsinghua.edu.cn

尊敬的老师：

　　您好！

　　为了您更好地开展教学工作，提高教学质量，我们将通过两种方式为您提供与教材配套的教学资源。

　　方式一：请您登录清华大学出版社教师服务网：http://www.wqbook.com/teacher 清华大学教师服务网是隶属于清华大学出版社数字出版网"文泉书局"的频道之一，将为各位老师提供高效便捷的免费索取样书、电子课件、申报教材选题意向、清华社各学科教材展示、试读等服务。

　　方式二：请您完整填写如下教辅申请表，加盖公章后传真给我们，我们将会为您提供与教材配套的教学资源。

主教材名			
作　者		ISBN	
申请教辅资料			
申请使用单位	（学校）　　　　　　　　　（院系） 　　　　　　　　　　　　　　（课程名称） （学期）采用本教材　　　　　册		
主讲教师	姓名	电话	
	通信地址		邮编
	e-mail	MSN/QQ	
声　明	保证本材料只用于我校相关课程教学，不用本材料进行商业活动		
您对本书的意见		系 / 院主任：＿＿＿＿＿＿＿（签字） （系 / 院办公室章） ＿＿＿年＿＿月＿＿日	

本书编辑联系方式：

　　100084　北京市海淀区双清路学研大厦

　　清华大学出版社理工分社工科事业部　　庄红权

　　电话：010-62770175-4154　　邮箱：zhuanghq@tup.tsinghua.edu.cn